초등 엄마 거리두기 법칙

아 이 가 자 신 감 있 게 홀 로 서 는 힘

초등 엄마
거리두기 법칙

엄
명
자
지
음

어릴 때는 많이 안아주고, 지지해 주는 말과 행동 등으로 아이에게 필요한 것을 충분히 줄 수 있었지요. 하지만 학년이 올라갈수록 '즐겁고 행복하게'만이 능사가 아니라는 생각이 들어 불안해집니다. 너무 과해도 너무 앞서가도 안 된다지만 '구체적으로 어떻게?'라는 물음 앞에서는 막막해지곤 했어요. 부모의 욕심이 앞선 적극적 개입이 아니라 자녀에게 꼭 필요한 만큼의 똑똑한 개입을 언제부터, 어떻게 하면 좋을까에 대한 고민을 거듭하던 제게 이 책은 길잡이가 되어줍니다. 교사, 교감, 장학사, 교장 선생님으로 30년 넘게 초등 현장에서 수많은 아이들과 부모들을 직접 만나온 경험에 더해, 교육학 박사답게 다양한 교육 심리학 이론을 곁들여 신뢰할만한 근거를 제시해 주기 때문이죠. 또한 교육 전문가임에도 막상 자신의 자녀를 양육하는 데는 서툴렀던 저자가 너무 늦지 않게 자신의 실수를 알아차리고 자녀와의 건강한 관계를 회복해 주체성을 회복하도록 안내한 이야기는 '나만 부족한 부모'라는 자책과 '이미 늦어버렸어'라는 절망에서 벗어날 용기를 줍니다. 이 책이 대한민국의 많은 초등학생 부모님들의 '육아 효능감'을 되찾는 데 실질적인 도움을 줄 것이라고 기대합니다.

　　　　　　　　　　　－ 초등 학부모이자 『내 아이를 위한 500권 육아 공부』 저자 **우정숙**

8년 전 선생님의 조언을 통해 깨달았습니다. 아이와 부모 사이에는 거리가 필요하며, 그 사이로 바람이 춤을 추어야 건강하고 예쁜 꽃이 피어난다는 것을 말입니다. 아이와 부모는 각자의 존재를 알아봐 주고 인정해 줄 때 함께 행복해진다고 이 책은 말합니다. 그 실천 방법이 바로 '엄마와 아이의 적당한 거리두기'이고요. 이 책을 읽는 당신은 이미 현명한 부모입니다.

– 초등 학부모이자 성교육 강사 김혜영

　아이를 온실 속의 화초가 아닌 들판의 야생화로 키워야한다는 선생님의 교육 철학은 아직까지도 기억에 남습니다. 선생님은 제게 비와 눈, 바람을 맞고도 좌절하는 것이 아니라 꿋꿋하게 헤쳐 나가는 아이로 키우는 것이 부모의 역할이라는 것을 알려주신 분이죠. 33년간의 보물 같은 경험담과 발자취를 이렇게 한 권에 담아 주시니 너무나 감사할 따름입니다.

– 경태 엄마 권명숙

　이 책은 초등학생을 둔 엄마에게 아이의 마음을 어떻게 이해하고 공감하고 말로 표현하면 좋은지 알려주고 있습니다. 또 아이가 학교나 집에서 공부하고 생활할 때 엄마가 어떻게 적당한 거리를 두고 지도해야 아이가 올바르게 성장할 수 있는지도 다정하게 일러줍니다. 아이가 실제로 겪을 학교 현장의 생생한 사례들을 전문적인 이론을 접목해서 풀어주니 더욱 실감나게 다가옵니다. 올바른 '거리두기'를 통해 아이와 함께 '따로 또 같이' 행복한 길로 나아갈 수 있을 것 같아 기대되고 설레입니다.

– 향기 엄마이자 놀이와답사연구소 소장 이수진

　이 책은 그녀의 삶입니다. 교사로, 어머니로 많은 역할을 감내하며 살아 온 그녀의 삶이 책 안에 녹아 있습니다. 교육 현장에서 교사들과 교육에 대한 고민을 나누고, 해결 방법을 찾아 함께 실천하며, 함께 성장할 수 있도록 열정적으로 헌신한 그녀의 마음이 책 속에 고스란히 녹아 있습니다. 그런 만큼 이 책은 분명 학부모들에게 자녀 교육에 대한 따스한 지침서가 되리라고 생각합니다. 아무쪼록 이 책이 코로나19로 인해 잃어버린 아이들과 학부모의 일상을 회복하길 응원하는 따뜻한 몸짓이 되기를 기대합니다.

– 흥무초등학교 교사 **변영옥**

아이들에게 꼭 갖고 싶은 것과 그 이유를 적어보라고 한 적이 있습니다. 한 아이가 '나만의 집'을 꼭 갖고 싶다고 하더군요. 이유는 바로 나만의 집에는 '엄마가 없기 때문'이었습니다. 단 두 문장에서 이 아이가 어떻게 자라왔는지가 눈에 선하게 그려지더군요. 누군가와 함께하고 있다는 평범함 속에는 항상 그 사람과의 '관계'가 자리하고 있습니다. 엄마의 가장 가까이에 있는 아이도 마찬가집니다. 아이의 바른 성장을 위한 관계, 그 관계를 쌓는 과정에 놓인 엄마와 아이 간의 적절한 거리에 대해 고민해 볼 때인 것 같습니다. 이 책에는 요즘 제가 교사로서 학부모들께 말씀드리는 내용들이 담겨 있습니다. 이는 오래 전 어린 학생과 선생님으로 만나 학교생활, 습관, 공부 등 혼자 잘 해낼 수 있게 지지해 주시던 선생님의 가르침이지요. 거리두기와 개입, 그 사이 어딘가에 계실 학부모들께서 다양한 거리두기 법칙을 통해 자신이 자리해야 할 적절한 거리를 찾으시기를 희망합니다.

– 한솔초등학교 교사이자 제자 **손지헌**

육아는 너무 힘들고 초등학생 딸아이를 감당하는 건 벅찼습니다. 내가 부족한 탓이려니 하다가도 문득 딸아이가 밉기도 했지요. 이 책을 읽는데 눈물이 나더군요. 저와 아이를 괴롭히던 것의 정체를 깨달았어요. 엄마와 아이의 거리두기, 그 적당함이 없던 탓이었습니다. 조금의 거리도 없이 동일시했던 거죠. 아이와 부모 사이에 믿음으로 만들어진 바람이 불어야 했는데 그 공간이 전혀 없었던 겁니다. 거리두기! 코칭하는 부모! 선생님의 가르침을 본받아 오늘부터 다시 시작해 보겠습니다!

– 초등학부모이자 유치원 교사 **이희진**

엄마의 거리두기로
아이가 홀로 설 수 있는
힘을 길러주세요

저는 두 딸을 키우고 있는 엄마이자 3만여 명의 초등학생과 엄마들을 만나 온 경력 33년 차 교장입니다. 밖에서 보면 교육전문가로서 완벽한 삶을 살았을 것 같겠지만 알고 보면 실수투성이인 엄마였어요.

아이들이 어렸을 적, 제 내면에 얽힌 문제에 허덕이느라 애착형성을 제대로 해주지 못하고 오히려 정서적인 결핍감만 심어주었지요. 아이들이 학교에 입학할 무렵에는 아이와 저를 동일시해 제가 좋다고 생각하는 것은 모두 아이들에게 도움이 되리라고 생각했어요. 뭐든 잘해주고 많이 해주면 좋은 엄마가 되는 줄 알았거든요. 그래서 유명 브랜드의 옷을 입히고 남들이 좋다고 하는 학원에 보내며 잘 가르친다고 소문난 과외 선생님을 모셨습니다. 남들 하는 대로 시선을 따라가다 보니 이것도 시켜야겠고 저것도 시켜야겠고, 지출이 과하다 싶어도 불안해서 포기할 수 없었어요. 한마디로 뚜렷한 교육철학과 기준이 없었던 거죠.

아이의 특성과 상태를 고려하지 않은 일방적인 양육과 교육의 결과는 아이들의 그릇된 행동으로 드러났습니다. 어느 순간부터 아이의 표정이 어두워지고 예민해지더니 신경질적인 행동을 자주 보이고 급기야는 반항을 하더군요. 어떨 땐 무기력한 모습을 보이기도 했어요. 엄마로서 너무 괴롭고 힘들었습니다. 당시에는 무엇이 잘못된 건지 알수 없었고 미로 속을 걷는 것처럼 아득했어요. 열심히 하면 할수록 늪에 빠져드는 것처럼 막막하기만 했습니다.

그러다가 우연히 연구회를 통해 저 자신을 탐구하고 공부할 기회를 얻었습니다. 저 또한 어릴 적 애착형성이 불안정했고, 그 결과 제 속에 미처 다 자라지 못한 아이가 살고 있다는 것을 깨닫게 되었어요. 성숙하지 못한 어른아이가 엄마가 되었으니 아이를 키우는 일이 얼마나 미숙했겠어요. 심리, 철학, 교육 등에 관한 많은 책을 읽고 마음 맞는 분들과 함께 공부를 하면서, 그제서야 저는 조금씩 성장하기 시작했습니다. 조금 늦었지만 이제부터라도 아이들에게 정서적인 안정감을 주어야겠다고 다짐했어요. 아이와 저를 분리해 생각하고 관계에서 거리를 두기 시작했습니다. 아이를 독립된 인격체로 여기고 존중하며 자율성을 갖도록 도왔지요. 아이가 힘들어해도 전처럼 직접 개입하지 않고 뒤에서 지켜보며 지지해 주었습니다. 엄마가 성장하니 아이도 조금씩 성장하더군요. 메말라 있던 식물에 물을 주면 금세 되살아나듯 신기하게도 아이들에게 생기가 돌기 시작했어요. 어두웠던 얼굴이 밝아졌고 에너지가 넘쳤습니다. 관심 있는 일에 몰입하고 주도성을 발휘하기 시작했어요. 저는 그 어떤 성공보다 우리 딸들이 삶을 설계하고 노력하는 태도를 갖게 된 것이 기뻤습니다. 비록 그 길이 힘들고 괴롭고 고통스럽다 해도 개의치 않습니다. 이미 우리 아이들은 그 모든 것을 헤쳐 나갈 힘을 갖고 있으니까요.

저는 학교에서 수많은 학생과 학부모를 만나면서 깨달은 것이 하나 있습니다. 엄마가 아이와 적당한 거리를 두고 아이 스스로 할 수 있도록 지켜봐 주어야 아이가 단단하고 행복한 아이로 자란다는 것입니다. 사사건건 개입하고 일거수일투족을 엄마의 마음대로 좌지우지하려고 하면 아이는 잘 자라지 못합니다. 영혼이 감옥 속에 갇힌 것과 같으니까요. 어떤 아이는 엄마의 말에 순순히 따라오는 것 같지만 언젠가는 문제가 발생합니다. 아이에게 자율성을 주지 않으면 자신도 모르는 사이 병이 들어갑니다.

그러므로 초등학교 저학년부터는 올바른 자기주도적 습관을 기르도록 도와주시길 바랍니다. 엄마의 개입은 줄이고 조금씩 아이 스스로 할 수 있도록 주도권을 넘겨주세요. 초등 시기 아이들에게는 자의식이 생깁니다. 사회 속에서 자신의 존재를 인식하며, 다른 사람을 이해하고 공감하는 능력도 향상됩니다. 자전거를 가르칠 때 보통 부모가 뒤에서 잡아주다가 아이가 나아가는 모습을 보며 서서히 손을 떼지요? 이처럼 아이들에게도 서서히 손을 떼기 시작해 고학년이 되면 아이에게 주도권을 완전히 넘기셔야 합니다. 그래야 중고등학교에 가서 주도적으로 공부할 수 있게 되고, 성인이 되어서도 행복한 삶을 이끌어 갈 힘이 길러집니다.

아이에게 닥칠 미래의 일들은 부모가 대신 해줄 수도 없고, 시시때때로 찾아오는 어려움이나 위험을 막아줄 수도 없습니다. 그러니 부모가 할 수 있는 일은 아이에게 좌절을 견딜 수 있는 힘을 유산으로 물려주는 것입니다. 이를 위해 가장 기초가 되는 시기가 바로 초등 시기이고, 방법은 '엄마의 거리두기'입니다.

『초등 엄마 거리두기 법칙』은 자녀를 행복한 아이로 키우고 싶은 엄마들을 위한 책입니다. 아이가 성공한 삶을 살 수 있도록 많은 것을 지원해 주고 노력하는데도 아이는 잘 따라와 주지 않고, 엄마인 나만 동동거리는 것 같아 힘이 든다면 지금부터라도 아이와 거리두기를 시작해 보세요. 엄마가 아이와 거리를 두는 만큼 아이는 단단해집니다. 거리를 두고 바라보면 메타인지가 생겨 현명한 해결 방법이 생겨날 것입니다.

저는 이 책을 통해 아이에게 개입을 해야 할지 말아야 할지 또 한다면 어디까지 어떻게 개입해야 할지를 몰라 어려움을 겪는 엄마들에게 그 기준선을 알려주고자 합니다. 아이의 잠재력을 키워주고 자존감을 높이며 공부도 즐기는 아이로 키우고 싶다면 아이와의 거리두기를 수학 공식 외우듯이 조금씩 연습하고 노력해 보세요. 이 책에 수록된 다양한 사례들 속에서 내 아이에게 대입할 부분을 찾아 적용해 보시길 권합니다. 참고로 일부 사례들은 익명성을 위해 가명을 쓰고 약간 덜어내거나 덧칠한 부분도 있습니다.

마지막으로 엄마들도 자신의 행복을 위해 자기 자신을 돌봐주세요. 그래야 온 가족이 행복해져요. 엄마 자신과 아이를 위해 성장하는 엄마가 되어주세요. 행복한 엄마를 바라보는 것만으로도 아이는 저절로 성장하며 행복해집니다.

터널을 빠져나온 사람은 그 터널의 길이와 어둠을 압니다. 아이가 크는 시기는 잠깐이에요. 행복한 삶을 위해 힘을 기를 수 있는 가장 중요한 때가 바로 초등 시기입니다. 이 책을 읽은 여러분은 내 아이와 적당한 거리를 두고, 꼭 필요할 때는 똑똑하게 개입하며 항상 자신을 돌보고 성장함으로써 후회하지 않는 엄마가 되시길 바랍니다. 내 아이에게 행복을 선물하는 행복한 엄마가 되어주세요.

2021년 4월
엄명자 드림

PART 1 .
엄마의 거리두기는 아이를 더 강하게 만듭니다

1 __ 사사건건 엄마의 개입이 아이를 무력하게 합니다

2 __ 현명한 엄마는 아이와 서서히 거리를 둡니다

PART 2 .

엄마의 똑똑한 개입은 아이를 성장하게 합니다

5 __ 엄마의 똑똑한 개입이 공부를 즐기는 아이로 만들어요

PART 3 .
행복한 엄마는 지금도 성장 중입니다

PART

1

엄마의 거리두기는
아이를 더
강하게 만듭니다

사사건건 엄마의 개입이
아이를 무력하게 합니다

불안한 엄마는 아이의 일상에 사사건건 개입하고, 현명한 엄마는 필요한 순간에만 똑똑하게 개입합니다. 여기에서 '똑똑한 개입'은 낄 때 끼고 빠질 때 빠져주는 지혜로운 개입을 말합니다. 즉, 자신의 삶을 주도적으로 살 수 있도록 아이의 성장과 발달에 도움을 주고, 다른 사람과의 관계 형성을 원만하게 할 수 있도록 긍정적인 영향을 미치는 개입을 '똑똑한 개입'으로 이해하면 좋겠습니다.

왜 아이와
거리를 둬야 하나요?

엄마라면 누구나 아이를 잘 키우고 싶다는 마음을 품습니다. 임신한 순간부터 정성껏 태교를 하거나 몸에 좋은 음식을 챙겨 먹으려고 해요. 또 바르고 예쁜 것만 보려고 애씁니다. 눈에 넣어도 안 아플 정도로 사랑스러운 내 아이가 원하는 것이라면 무엇이든 다 해주고 싶은 마음이 듭니다. 그런데 문제는 이 사랑이 지나치면 모든 것을 다 해준다거나 통제하는 것으로 이어질 수 있다는 겁니다. 그렇게 되면 아이는 자신의 앞가림하는 법을 잘 배우지 못한 채 성장합니다. 이 모든게 엄마의 사랑에서 비롯된 행동이라는 것을 저도 잘 알고 있습니다. 하지만 엄마의 과한 사랑 때문에 아이가 자신의 힘으로는 아무것도 할 수 없는 어른이 될 수 있다는 사실도 아셔야 합니다.

이럴 때 필요한 것이 바로 엄마와 아이 사이의 '거리두기'입니다. 엄마가 한 발짝 뒤로 물러서 아이가 스스로 해나갈 수 있도록 믿고 기다려주는 거예요. 물론 엄마의 손길이 필요한 순간에는 현명하게 개입하여 부족함을 채워주셔야 합니다. 엄마와 아이 사이의 거리두기는 아이가 더 단단하고 힘 있게 자랄 수 있도록 도와줍니다.

아이와 거리두기를 잘했다고 말할 날이 옵니다

저는 33년간 초등학교에서 교사, 교감, 장학사, 교장으로 아이들과 함께해 왔습니다. 매일 아침 교문에서 등교 지도를 하다 보면 아이 손을 잡고 교문까지 데려다주는 부모님들과 종종 마주칩니다. 그들은 아이의 숙제와 준비물을 챙기는 것은 기본이고, 교문 안으로 들어가는 아이에게 손을 흔들면서 "이렇게 해라. 저렇게 해라." 말하며 걱정스러운 표정으로 한참을 바라보시지요. 이렇게 모든 것을 챙기면서도 혹시 빠진 것은 없는지 전전긍긍하며 수시로 아이와 문자나 전화를 주고받습니다. 부모님들은 아이가 학교에 있는 시간 동안 그러니까 내 손을 떠나 있는 순간들이 얼마나 걱정스러우실까요?

이런 부모님들과 상담하면 하나같이 이렇게 말씀하십니다. "아이는 하루가 다르게 쑥쑥 자라는데 스스로 할 줄 아는 것이 거의 없어요.

아침에 깨우고 세수하고 이 닦고 옷 입는 것까지 제가 다 챙겨야 해요. 어쩔 수 없이 도와주고는 있지만, 너무 바쁘고 힘들 때는 화가 치밀어 오를 때도 있어요. 이게 잘하는 일인지 모르겠어요." 무언가 잘못하고 있다는 생각은 드는데 불안한 마음은 멈출 수가 없습니다. 부모는 아이의 인생에 어디부터 어디까지 개입해야 하는 걸까요?

저는 교사이기 전에 두 딸의 엄마입니다. 부족한 면이 참 많은 엄마였어요. 요즘 엄마들처럼 양육과 교육에 관한 철학이나 공부도 부족했습니다. 그저 제 부모님의 방식을 그대로 따라 하거나 주변 사람들의 조언에만 의존했어요. 살림 잘하는 시누이가 만드는 이유식을 그대로 따라 하거나 무작정 유명하다는 학원에 아이들을 보낸 적도 있습니다. 자녀를 명문대에 보낸 동료 선생님이 어릴 때는 악기를 배워야 한다고 해서 피아노와 바이올린을 가르친 적도 있고요. 엄마로서 뭐가 맞는지 안 맞는지 따져보거나, 아이 앞에 펼쳐질 세상의 큰 그림을 그려주기는커녕 당장 '아이에게 최선을 다해야 한다'는 강박에 휩싸여 아이를 키웠던 것 같아요. 그래서 아이가 충분히 사고(思考)하고 놀 수 있는 시간을 주지 않고 학원으로 내몰았습니다.

저는 퇴근하면 매일 아이의 학원 앞에 대기하고 있다가 틈새 시간에 차 안에서 도시락을 먹이거나 분식점에서 맛있는 음식을 사주면서 스스로 좋은 엄마가 되어간다고 생각했어요. 아이가 학원 숙제로 힘들어하는 날에는 곁에서 함께 괴로워했지요. 우리 사이에는 경계가 없었습니다. 지금 생각해 보면 아이가 해야 하는 일은 스스로 하게끔 분명히 선을 긋고 거리를 두었더라면 좋았을 것 같아요. 그랬더라면 아이가 독립적인 사람으로 더 잘 자라지 않았을까요?

그동안 3만 명 이상의 아이와 엄마들을 만나고 제가 직접 경험하며 깨달은 사실은 엄마와 아이 사이에는 경계가 있어야 한다는 것이었습니다. 다시 말해 엄마가 아이의 삶에 개입하며 상황을 주도해야 할 때와 아이에게 충분한 자율성을 주고 스스로 선택하고 헤쳐 나갈 수 있도록 거리를 두어야 할 때를 구분할 필요가 있다는 것이지요. 그런 의미에서 제가 다시 아이를 키우게 된다면 지키고 싶은 두 가지가 있습니다. 이는 성인이 된 제 딸들은 물론이고 앞으로 아이를 초등학교에 보낼 예비 학부모님들께 당부하고 싶은 것이기도 합니다.

첫째, 아이를 독립된 인격체로 바라보는 것입니다. 과거 아이와 저를 동일시할 때가 있었습니다. 아이는 그저 내게 종속된 인격체일 뿐이며, 다른 감정과 견해가 있다는 것을 간과했던 것이지요. 제 생각이 바로 아이의 생각일 것이라고 착각했고, 제 결정은 아이에게 무조건 도움이 되리라고 여겼습니다. 그런데 그러다 보니 아이와 자꾸 마찰이 생기는 겁니다. 제 마음대로 아이가 움직여줄 리 없으니 화를 내는 일이 잦았습니다. 그때마다 아이는 상처를 받았을 거예요. 아이 역시 인격을 갖춘 한 사람입니다. 엄마와 다른 독립된 인격체로 인정해 주셔야 합니다. 믿음을 갖고 기다리며 지지해 주어야 해요. 모든 관계는 여기에서부터 시작됩니다.

둘째, 자신만의 양육 원칙을 정하는 것입니다. 아이가 어렸을 때는 무조건 많이 경험해 보는 것이 좋다고 생각했습니다. 주변 엄마들이 추천하는 건 다 해주려고 했어요. 그러지 않으면 훗날 내 아이만 뒤처질까 걱정됐지요. 그래서 피아노, 바이올린, 미술, 검도, 컴퓨터, 수학, 영어 등 온갖 학원에 보냈습니다. 저는 뚜렷한 양육 원칙 없이 타인의 말에 휘둘리기 바쁜 엄마였어요. 정작 중요한 건 아이의 의지와 마음이었는데 말이지요. 아이의 성격이나 특성, 발달을 잘 관찰한 뒤 그에 맞는 양육과 교육 방식을 적용하는 것이 가장 좋습니다. 사실 모두가 아는데 실천하는 것이 어려운 거예요. 지금부터 조금씩 연습하면 됩니다. 아주 간단한 원칙, '내 아이의 마음에 귀를 기울일 것'. 다른 사람의 눈과 귀가 아닌 내 아이에게만 집중하세요. 지금 이 순간 아이에게 가장 필요한 것이 무엇인지 엄마의 눈에는 분명 보입니다.

지금까지의 이야기를 정리해 보자면 엄마와 아이는 서서히 거리를 두어야 하며 엄마의 관심이 필요한 순간에는 현명하게 개입해야 합니다. 금쪽같은 내 새끼를 넘어 다이아몬드보다 더 귀한 내 아이를 위하는 일이라면 자신도 모르는 사이 아이의 일거수일투족에 신경 쓰고 사사건건 개입하고 싶어진다는 것을 잘 압니다. 그러다 보니 그 과정에서 많은 문제점이 불거지는 거고요. 아이가 해야 할 일들을 엄마가 나서서 다 해주니 아이는 점점 나약해지고 무력해지며 자생능력을 키우기가 어려워집니다. 자연스럽게 엄마와 마찰이 생기겠지요. 결국 아이는 엄마의 바람대로 성장하지 못합니다.

인지심리학자 장 피아제(Jean Piaget)에 의하면 아이가 구체적 조작기(7~11세)에 들어서면 사물이나 현상의 여러 측면을 고려할 수 있고, 사고가 사회화되며 언어가 발달합니다. 이때 다른 사람의 입장이나 생각, 감정 등을 추론해서 이해하는 능력인 조망수용능력도 생깁니다. 한마디로 타인과 구별되는 자기에 대한 의식인 자의식과 사리분별력이 생겨나는 겁니다.

이처럼 스스로 해나갈 수 있는 일들이 많아질수록 아이는 쑥쑥 자라납니다. 믿어 주고 열렬히 지지해 주세요. 그래야 아이 스스로 잘해나갈 힘이 생깁니다. 무조건 다 해주는 것만이 아이에게 옳거나 좋은 것은 아닙니다. 때로는 엄마의 지나친 사랑이 아이에게 독이 될 수도 있다는 사실을 기억하신다면 참 좋겠습니다. 언젠가 '아이와 거리두기를 참 잘했어'라고 말하는 순간을 기다리며 말이지요.

불안한 엄마는 사사건건 개입하고, 현명한 엄마는 거리를 두고 기다려줍니다

오랫동안 많은 초등학생과 엄마들을 만나고 얻은 결론은 '불안한 엄마는 사사건건 개입하고, 현명한 엄마는 거리를 두고 기다려준다'는 사실입니다. 지금까지 최선을 다했는데도 아이가 뜻대로 자라주지 않아 고민된다면 잠시 모든 행동을 멈추고 자신의 태도를 돌이켜보길 권합니다. 매일 아이에게 온 신경을 곤두세우지 않으면 잘못하는 것이 아닐까 하는 걱정은 내려두셔도 괜찮습니다. 그리고 이 시간 동안 내가 아이의 삶에 어디서부터 어떻게 '개입'했는지를 냉철히 분석해 보길 바랍니다.

나와 아이를 분리된 인격체로 생각하지 않고 동일시한 것은 아닌지, 나의 불안을 아이에게 투사하지는 않았는지 되돌아봐야 할 때입니다. 엄마가 아이의 생활에 어떤 방식으로 어떻게 얼마만큼 개입하느냐에 따라 이후에 아이가 살아갈 삶의 태도가 바뀔 수 있습니다.

'개입'과 '교육'

'개입(介入)'이란 자신과 직접적인 관계가 없는 일에 끼어드는 것을 말합니다. 그렇다면 '교육(敎育)'이란 무엇일까요? 교육은 학습자의 잠재능력을 밖으로 꺼내 최대한으로 발현시키는 활동입니다. 아이를 바람직한 방향으로 이끌어 저마다 타고난 재능이나 소질을 일깨워 준다는 뜻이기도 하지요.

종합해 보면 '개입'은 엄마가 아이 안으로 들어가서 정신적, 물리적인 힘을 가하는 것을 말합니다. '교육'은 아이 밖에서 아이가 스스로 할 수 있도록 돕는 것을 말하고요. 아이들이 자신의 삶을 살 수 있도록, 각자의 고유한 성질을 잃지 않도록 돕는 것이 진정한 교육입니다. 엄마는 '교육'을 해야지, '개입'을 해서는 안 됩니다. 그렇다면 우리는 그동안 교육이라는 미명하에 아이들에게 필요하지 않은 부분까지 사사건건 개입하고 있던 것은 아니었는지 고민해 봐야 할 것입니다.

현명한 엄마는 아이의 삶에 지나친 개입을 하지 않고 아이들이 더 나은 미래를 꿈꾸고 살아갈 수 있도록 도와줍니다. 엄마가 선을 지키지 않고 아이에게 지나치게 개입하면 아이는 잠재력을 펼쳐볼 기회조차 얻지 못한 채 무기력해지고 비관적으로 변합니다. 이럴 때 아이는 자신에 대해 불신과 불안의 마음을 품습니다. 무작정 하라고 다그칠 게 아니라 하고 싶은 동기가 생기도록 도와야 합니다.

불필요한 개입을 최소화하는 일

코로나19로 언택트 시대가 열리면서 양육과 교육의 패러다임이 크게 바뀌었습니다. 그동안 학교와 학원에서 많은 시간을 보내던 아이들이 갑작스럽게 집콕 생활을 시작하게 되었지요. 엄마들의 부담도 그만큼 가중되었습니다. 종일 아이와 붙어 있으니 사소한 일에도 엄마가 개입하고, 이에 아이는 상처를 받아 관계가 나빠지는 악순환이 반복되고 있습니다. 워킹맘들은 또 어떠한가요? 엄마 없이 집에 있을 아이들에게 마음이 쓰여 수시로 전화나 모니터링을 해서 오히려 아이들을 숨막히게 하는 경우도 왕왕 발생하고 있습니다.

코로나19로 아이들이 집에서 원격수업을 하던 때였습니다. 학부모 한 분과 통화를 하게 되었는데 그분이 말씀하시길 "교장 선생님, 아이들이 빨리 학교에 가면 좋겠어요. 맨날 아이들 밥 챙기고 씨름하느라 너무 힘들어요. 예전엔 몰랐는데 아이들 일거수일투족이 마음에 안 들어 자꾸 잔소리하게 되네요. 원격학습을 하는 걸 지켜보는데 '아이가

27

잘하고 있는 건가?' 불안해서 자꾸 채근하게 돼요. 다른 집 아이들은 공부도 열심히 하는 것 같은데 우리 집 아이들만 노는 것 같아 불안하고 갑갑해요."라고 하시는 겁니다.

　문제가 확연히 드러나는 때가 그 문제를 해결할 수 있는 적기입니다. 아이와의 관계에서 갈등을 겪었거나 불편함을 느꼈다면 반드시 그 속에 문제가 있고 해결 방법도 존재하는 법이지요. 아이의 양육과 교육에서 가장 좋은 경우는 엄마가 개입을 안 해도 아이가 알아서 무엇이든 잘해 내는 것입니다. 실제로 학교에서 아이들을 만나보면 맡은 일을 알아서 척척 해내고 공부도 잘하며 친구들과도 잘 지내는 아이들이 있습니다. '내 아이도 이러면 얼마나 좋을까?' 많은 엄마가 바라는 아이의 모습일 거예요. 하지만 이 아이들이 스스로 잘하게 된 기저에는 핵심 이유가 존재합니다. 바로 엄마의 일관된 양육 태도와 뚜렷한 교육 철학이지요. 아이가 어렸을 때부터 안정된 정서와 환경 속에서 지낼 수 있도록 해주고, 바른 습관을 형성하도록 도와줌으로써 자립심과 책임감을 가질 수 있게끔 교육해 온 것입니다.

　이 모든 것이 가능해지려면 우선 엄마의 마음속에 '믿음'이 있어야 합니다. 아이가 자신의 삶 속에서 가능한 한 많은 것들을 자율적으로 선택할 수 있도록 믿고 지켜봐 주며 불필요한 개입을 최소화하려는 엄마의 마음가짐이 중요합니다.

엄마의 개입이 아이에게 미치는 영향

초등 시기 엄마의 개입은 아이의 평생을 좌우합니다. 아니, 엄밀히 말하면 아이가 태어나는 순간부터 시작되는 엄마의 개입은 아이가 좋은 태도와 바른 습관을 갖게 하는 데 많은 영향을 줍니다. 개입의 순기능이지요. 하지만 아이의 성장 속도에 맞춰 개입의 정도와 방향은 점차 바뀌어야 합니다. 엄마는 1인칭 주인공 시점으로 아이의 일거수일투족을 돌봐주었던 것에서 점차 빠져나와 독립하셔야 해요. 늦어도 초등학교 때까지는 아이의 생활습관이나 공부습관 등이 올바르게 확립될 수 있도록 최소한의 것만 개입하되, 꼭 개입해야 하는 순간에만 똑똑하게 개입하시는 겁니다. 초등 시기가 지나면 아이에게 자의식이 생겨 엄마의 말을 잘 듣지 않을뿐더러 자신의 의지대로 행동하려는 발달상의 특성 때문에 개입 효과도 떨어집니다.

1학년 겨울방학이 다가옴에도 불구하고 여전히 교문 밖에서 아이에게 실내화를 신겨주는 엄마를 마주치곤 합니다. 아이는 멀뚱멀뚱 서 있고, 엄마는 쪼그려 앉아 아이에게 실내화를 신겨준 뒤 운동화를 신발주머니에 넣어 건네줍니다. 혹시 그 아이에게 다른 문제가 있나 싶어 담임 선생님과 이야기를 나눠보니 발달이 늦거나 별다른 장애가 있는 것도 아니었어요. 가끔 그 엄마에게 다가가 "아이가 스스로 하도록 둬보세요."라고 말씀을 드렸지만 들은 체도 하지 않으셨습니다.

아이가 다 컸다 하더라도 엄마의 손길이 필요한 순간은 분명 있습니다. 하지만 아이가 충분히 할 수 있는데도 엄마가 대신 해주다 보면 민첩성과 정교함이 떨어져 학급에서의 생활이나 공부에도 지장을 주게 됩니다. 자연스럽게 학급에서 또래 친구들에게 주눅이 들거나 위축될 가능성이 커지지요. 반대로 아이가 주도성을 갖고 자기 할 일을 책임감 있게 할 수 있도록 도와주면 다른 활동에서도 활발하고 적극적으로 임할 가능성이 높아집니다.

심리학자인 데시와 라이언(Deci & Ryan)의 「자기결정성이론」에 의하면 인간은 자신의 행동을 자율적으로 결정하고자 하는 욕구에 의해 동기화됩니다. 이런 습관은 사소해 보이지만 아이의 평생을 좌우하는 삶의 태도로 이어집니다. 그래서 초등 시절 엄마의 양육 방식이 아이의 평생을 결정한다고 감히 말하는 것이지요. 내 아이가 자율적으로 주도성을 갖고 성장하기를 원한다면 초등 시절에 엄마의 개입 방향을 바로잡을 필요가 있습니다.

자기다울 때 가장 빛나는 아이

엄마는 아이가 타인의 강요나 기대에 의해서가 아니라 본인의 의지대로 인생을 살 수 있도록 지원해야 합니다. 이것은 엄마가 가진 생각의 틀, 고정관념에 아이를 가두면 안 된다는 말입니다. 아이가 자기다움을 발견하고 키워나갈 수 있도록 존중하며, 끊임없이 소통하고 공감해야 합니다. 그러면 아이는 자기 스스로 빛을 내기 시작합니다. 가장 나다운 모습으로 생기를 얻고 한 발 한 발 나아가려고 할 것입니다. 엄마에게 끌려가는 아이의 눈빛에선 생기를 찾을 수 없습니다. 억지로 하는 일이 즐거울 리가 없으니까요.

불안한 엄마는 아이의 일상에 사사건건 개입하고, 현명한 엄마는 필요한 순간에만 똑똑하게 개입합니다. 여기에서 '똑똑한 개입'은 낄 때 끼고 빠질 때 빠져주는 지혜로운 개입을 말합니다. 즉, 자신의 삶을 주도적으로 살 수 있도록 아이의 성장과 발달에 도움을 주고, 다른 사람과의 관계 형성을 원만하게 할 수 있도록 긍정적인 영향을 미치는 개입을 '똑똑한 개입'으로 이해하면 좋겠습니다.

지금까지의 이야기를 토대로 초등학생 자녀를 둔 엄마들을 위한 거리두기의 법칙은 다음 두 가지로 정의할 수 있겠습니다. 첫 번째는 '불필요한 개입을 최소화하는 것'이고, 두 번째는 개입이 꼭 필요한 순간에 '똑똑하게 개입하는 것'입니다. 아이의 자율성과 잠재력을 해치지 않는 범위 내에서 아이를 바라보다가 필요한 순간에만 최소한으로 개입하시길 바랍니다. 마지막으로 엄마의 지나친 개입은 '양분을 가장한 독'이 될 수도 있음을 기억하시면 좋겠습니다.

당신은
어떤 엄마인가요?

"아이를 위해 최선을 다하고 지원을 아끼지 않는데, 왜 제가 원하는 대로 자라주지 않는 걸까요? 정말 답답해요.""제 나름대로 혼도 내고 부족한 부분을 잘 가르쳐서 학교에 보냈다고 생각했는데, 담임 선생님께서 아이에게 문제가 있다는 거예요. 지금까지 제가 해왔던 방식이 맞는 건지 정말 고민돼요."

제게 상담을 요청하는 엄마들의 고민을 듣다 보면 뚜렷하게 보이는 양상 중 하나가 아이에게 최선을 다하고 있는데, 그럴수록 아이는 엄마에게서 더 달아나려고만 한다는 것입니다. 엄마의 노력에 대한 보상을 아이가 해주지 않는다는 거지요.

저는 매년 3월이면 참 많은 엄마를 만납니다. 요즘 젊은 엄마들은 아이를 위해 어느 것 하나 허투루 하는 법이 없습니다. 내 아이의 발달단계를 파악하는 건 기본이고 그에 맞는 책과 장난감, 체험학습 등이 있는지를 수시로 살핍니다. 지역 맘카페와 SNS를 보면 갓 태어난 아이부터 유치원, 초등학생, 중고등학생 자녀들을 잘 키우기 위해 해야 하는 것들이 차고 넘쳐요. 그런데도 더 잘해 보려는 마음에 또래 아이를 키우는 엄마들끼리 모여 정보를 교환하고 공부도 합니다. 공부한 것을 아이에게 적용하고 활용하는 것을 볼 때면 감탄을 금치 못할 때도 많습니다.

그런데 문제는 엄마의 절대적인 노력에 비해 아이들은 어딘지 모르게 위축되어 있다는 겁니다. 교실에는 매사 활기가 없고 소심하거나 무기력한 태도로 일관하는 아이들이 심심찮게 보입니다. 별것 아닌 일에도 화를 내거나 짜증 내는 아이들도 있어요. 심지어 친구를 괴롭히기도 합니다. 대체 왜 이런 일이 생기는 걸까요? 저는 이런 문제에 직면한 엄마를 수도 없이 봐왔습니다.

이들을 교육학적 이론과 경험을 토대로 분석한 결과 엄마들이 아이에게 개입하는 방식을 크게 다섯 가지로 나눠볼 수 있었습니다. 다음의 유형들을 살펴본 다음 '나는 어디쯤에 속해 있을지' 고민해 보고 자신의 양육 방식을 성찰하는 계기로 삼았으면 합니다.

엄마의 개입 유형

　어느 한 가지에 몰두하게 되면 그 안에서 발생하는 문제를 쉽게 발견하지 못합니다. 엄마들은 아이와 가장 오랜 시간 함께하는 존재입니다. 그런 탓에 아이와 자신을 동일시하는 엄마들이 많습니다. 이는 곧 자신의 양육 방식이 어떠한지 객관적으로 판단하기가 어렵다는 말입니다. 물론 이것이 잘못되었다는 것은 아닙니다.

　하지만 시간이 지나 아이는 자랐고, 엄마에게는 아이의 성장을 인정해야만 하는 때가 옵니다. 품에서 아이를 놔주어야 하는 때 말입니다. 아이가 자신의 삶을 가꿔 갈 수 있도록 서서히 독립성을 키워줘야 합니다. 말은 쉬운데 실제로는 이 과정이 쉽지 않습니다. 세상은 너무 험하고 아이들을 위협하는 요소들이 곳곳에 존재하고 있기 때문입니다. 아이가 내 품을 떠나면 당장 위험에 빠질 것만 같습니다. 그런데 아이들의 생각은 어떠할까요? 엄마가 간섭을 하면 할수록 아이는 도망가고 싶어집니다. 도망갈 의지조차 없는 아이들은 단념하고 엄마의 의견을 따르기도 해요. 엄마들은 자신의 개입이 아이에게 진짜 어떠한 영향을 주는지 생각해 보셔야 합니다. 엄마의 사랑이 오히려 독이 되는 것은 아닌지, 지나치게 소홀하거나 방임하고 있는 것은 아닌지 성찰해 보셔야 합니다.

　엄마가 아이에게 너무 개입해도 문제지만 반대로 너무 방임해도 문제가 됩니다. '우리 아이는 똑똑하니까 알아서 잘하겠지?' 하고 방치하면 아이는 '엄마는 나를 사랑하지 않아', '엄마는 나에겐 관심이 없는 것 같아'와 같이 생각하며 자신이 버림받았다고 여깁니다. 마음속에 구멍이 생기는 겁니다. 이것이 '결핍'입니다. 그리고 결핍을 메우기 위해 친구들을 괴롭히는 등 이상 행동을 하기 시작합니다. '나는 아이의 삶에 어떻게 개입하고 있는가?' 엄마가 자신의 개입 유형을 정확하게 알아차리고 성찰하면 아이의 행동을 이해할 수 있고, 필요한 도움을 제때 줄 수 있습니다.

저는 1988년 3월 1일, 초등학교 교사로 발령받고 교장으로 재직하는 지금까지 현장에서 수많은 아이와 엄마를 만나고 경험해 보았습니다. 그리고 엄마들의 개입에는 다섯 가지 유형이 있다는 것을 파악하게 되었지요. 엄마의 특성과 개입 유형에 따라 아이의 행동 패턴이 크게 영향받는다는 것도 알게 되었습니다. 내 아이가 정말 자신이 가진 본성과 색깔대로 살아가길 원한다면 자신의 개입 방식을 되돌아보고 앞으로 어떤 점을 보완하면서 똑똑하게 개입을 해나가면 좋을지 고민해 보세요. 아이를 사랑하는 만큼 제대로 된 개입법과 표현법을 익혀나가시길 바랍니다.

유형1

아이는 나의 분신, 엄마가 나서야 직성이 풀리는 '과잉형 엄마'

아이가 태어나던 때로 돌아가 볼게요. 엄마와 아이를 연결하는 탯줄을 자르는 순간 아이는 엄마로부터 독립된 개체로 분리됩니다. 그런데 엄마는 아이를 독립된 개체로 인정하지 않고, 여전히 배 속에 있을 때처럼 사고합니다. 아이를 자신의 분신으로 생각한다는 겁니다. 매사에 개입하고 엄마 마음대로 아이를 조종하려고 합니다. 아이를 혼자 내버려 두는 건 불안하고 괴롭기 때문이에요. 아이의 일거수일투족을 관찰하며 지시하고 잔소리합니다. 엄마의 마음대로 아이가 따라오지 않으면 소리를 지르거나 화를 내고 다그치지요. 이때 엄마의 양육과 교육의 기준은 '양'입니다. 무조건 아이에게 잘해 주고 많이 해주는 것이 아이를 위하는 길이라고 생각합니다. 이 유형의 엄마들은 아이에게 온몸을 던지고 전 생애를 거는 태도를 보입니다.

또래보다 내 아이가 뒤처지지 않도록 일단 많이 시키려고 합니다. 사교육의 결정 기준은 이웃이나 주변 엄마들이지요. 다른 아이들의 속도에 맞추지 않으면 무능하고 게으른 엄마로 치부된다고 느끼는 분도 계십니다. 이렇다 보니 엄마들은 내 아이를 다른 아이와 비교하는 것이 일상이 되기도 합니다. 과잉형 엄마 밑에서 자란 아이들은 의존성이 강하며 자존감이 낮고 생기가 없습니다. 작은 문제일지라도 결정권을 가지고 자기 뜻대로 리더십 있게 이끌어 본 경험이 부족하기 때문에 학급에서 모둠활동이나 단체활동을 할 때면 늘 주도권을 쥐지 못합니다. 매사 행동에 자신감이 부족하고 쭈뼛쭈뼛거리거나 위축된 태도를 보입니다.

참 신기하게도 아이의 걸음걸이와 표정, 인사하는 태도만 봐도 어떤 부모 밑에서 자란 아이일지 가늠이 될 때가 있습니다. 수업 시간에 아이들의 행동과 태도, 친구들과의 관계를 보면 가정에서 부모의 양육 태도가 어땠을지 눈에 선합니다. 과잉형 엄마를 둔 아이들은 대체로 표정이 어둡고 기가 눌려 있으며 심지어 우울한 기운을 풍기는 경우도 있어요. 피아제의 인지발달단계 중 형식적 조작기(11세 이후)가 되면 내적 성찰과 사고에 대한 사고(메타인지)가 일어나고 자기중심적 사고가 나타나면서 부모에게 반항하거나 엇길로 새는 경우가 많습니다. 억압된 감정이 나중에 표출되면 엄마에게 앙갚음하려는 양상을 보이기도 합니다.

그렇다면 엄마들은 왜 이렇게 아이들의 행동에 지나치게 개입하게 된 것일까요? 그것은 아이들의 성장에 맞춰 엄마의 역할도 발달해야 하는데, 엄마가 영유아기의 보호자와 양육자의 역할에서 그대로 멈춰버렸기 때문입니다. 많은 엄마들이 자신도 모르는 사이 자신과 아이를 동일시해서 또는 계속 보호자 역할에 머물러서 아이의 성장과 독립의 기회를 가로채고 만 것입니다. 아이가 학교에 들어가고 청소년기를 거치고 성인이 되는 동안 엄마도 훈육자에서 격려자, 상담자, 동반자의 역할로 진화해야 합니다.

유형2

어떻게 할지 몰라 엄마가 더 흔들리는, 소신 없는 '소심형 엄마'

이 유형의 엄마들은 소신이 부족해 주변 사람들의 눈치를 많이 보고 남들이 툭 던진 조언에도 쉽게 흔들립니다. 다시 말해 소심형 엄마는 일관성이나 줏대가 없습니다. 그런 엄마의 변덕 때문에 아이는 어느 장단에 맞춰야 할지 알 길이 없어 헷갈려 합니다. 예를 들어 아이 반 엄마들의 모임에서 '요즘은 코딩이 대세야. 안 배우면 뒤처진대'라는 말을 들으면 바로 코딩학원에 등록합니다. 그런데 또 아이에게 잘 안 맞는 것 같거나 아이가 힘들어하면 쉽게 그만두게 합니다. 소신이 없고 소심하기 때문입니다. 저를 포함한 대부분의 엄마들이 이 유형에 속합니다.

소심형 엄마를 둔 아이들은 유독 제멋대로 행동하려는 경향이 있습니다. 엄마도 자신의 말을 잘 들어주고 원하는 대로 해주니 세상이 아이 편인 셈이에요. 하고 싶으면 하고, 갖고 싶으면 가질 수 있습니다. 하기 싫은 일은 쉽게 그만둘 수도 있어요. 그렇기에 대체로 아이들은 끈기가 없고 참을성과 성실성, 노력하는 자세가 부족합니다. 또 엄마가 소신이 없으니 아이 역시 소신이 없습니다. 아이는 자신의 선택을 믿을 수 있는 능력인 자신감이 약하며, 추진력 또한 떨어집니다. 엄마도 아이도 이리저리 눈치를 보고 두리번거리느라 정작 실속을 차리지 못합니다. 소심형 엄마들은 지금이라도 아이 교육에 대한 목표를 올바르게 설정하셔야 합니다. 아이에게 명확한 지침을 내리고 그 안에서 아이가 결정하고 그에 따른 책임을 지는 법을 배울 수 있도록 도와주셔야 해요. 내가 얼마나 아이에게 개입하고, 일관된 양육 패턴을 보여주고 있는지 성찰하고 기준을 세운다면 더 단단하고 건강한 아이로 키울 수 있습니다.

유형3

엄마의 문제를 아이에게 투영하는, '투사형 엄마'

엄마의 문제를 자신도 모르는 사이 아이에게 투사해서 개입하는 경우도 있습니다. 자신의 성장 과정에서 생긴 트라우마를 은연중에 아이에게 내비치는 엄마, 불안과 두려움을 아이에게 대물림하는 엄마가 대표적 예입니다.

지금까지 쌓아올린 '초감정(Meta-emotion, 자신이 느낀 감정에 대해 느끼는 감정)'이 양육하면서 촉발되어 아이를 힘들게 하는 경우도 있습니다. 투사형 엄마는 어릴 때 느낀 자신의 결핍감을 그대로 아이에게 대물림할 가능성이 큽니다. 그런데 더 큰 문제는 엄마가 자신의 감정에 복받친 나머지 아이에게 폭력을 휘두를 가능성이 높다는 것입니다. 신경질이나 짜증을 내는 건 다반사이고, 아이를 때려서 자신의 스트레스를 풀기도 합니다.

투사형 엄마를 둔 아이들은 우울증에 걸릴 확률이 높고 슬픔과 화, 분노와 같은 감정에 사로잡히는 경우가 많습니다. 엄마가 자신의 감정을 잘 추스르지 못하고 아이에게 힘든 내색을 자주 보이면 아이는 심각한 불안감과 두려움을 갖게 됩니다. 엄마가 나를 버리는 건 아닐지, 이러다가 고아가 되는 건 아닐지 혼자 상상하고 또 괴로워해요. 이 감정에 깊이 빠지게 된 아이 중에는 이상 행동을 보이거나 폭력적으로 돌변하는 경우도 종종 있었습니다. 실제로 한 아이는 가정에서 받은 스트레스 때문에 자기 마음대로 되지 않으면 책상에 머리를 찧으면서 자해를 해 안타까웠던 기억이 있습니다. 이처럼 아이는 엄마에게 받은 부정적인 감정에 정말 큰 영향을 받습니다.

투사형 엄마는 먼저 자신을 잘 돌봐야 합니다. 성찰을 통해 내면의 아이를 보듬고 이해하는 연습을 하셔야 해요. '그동안 참 힘들었지? 애쓰며 사느라 고생했어'라고 스스로를 위로하며 마음속 응어리를 풀어야 합니다. 엄마가 긍정적으로 생각하면 아이를 대하는 태도가 바뀝니다. 웃음이 가득한 엄마를 보는 아이는 자연스럽게 건강하고 행복하게 자랍니다.

유형4
낄 때 끼고 빠질 때 빠지며 아이를 리드하는, '코칭형 엄마'

아이가 원하고 필요로 할 때, 낄 때 끼고 빠질 때 빠져주는 엄마 유형입니다. 부드러운 개입의 형태인 넛지형이 이 유형에 속하지요. 엄마는 아이가 알아채지 못할 만큼 자연스럽게 개입하여 아이의 자존감을 살려줍니다. 아이가 주도성을 갖고 자율적으로 의사선택을 하도록 유도하며, 할 일을 알아서 잘할 수 있도록 격려해 주지요. 가장 이상적인 개입의 형태입니다.

예를 들면 코칭형 엄마들은 아이가 왜 공부를 해야 하는지, 제대로 공부한다는 것이 무엇인지 스스로 생각하고 고민해 볼 수 있도록 질문을 통해 유도합니다. 과외를 하거나 학원을 다닐 때도 이유와 목적을 명확하게 알고 갈 수 있게끔 하지요. 아이가 자기 인생의 주인공이 되어 삶의 주도권을 쥘 수 있도록 도와줍니다.

코칭형 엄마를 둔 아이들은 어릴 때부터 바른 습관이 형성되어 있습니다. 예의도 바르고 규칙을 잘 지키며 자신이 할 일을 책임감 있게 해내지요. 엄마가 동기부여를 잘해 주기 때문에 공부에 재미를 느끼고 자기주도적으로 하려고 합니다. 과제나 준비물 등을 챙기는 일에도 소홀함이 없어요. 도전정신을 갖고 자신의 미래를 적극적으로 개척하고자 합니다. 엄마가 아이의 감정을 늘 존중하며 능력을 인정하고 믿어주니 자존감이 높고 문제 해결 능력이 뛰어납니다.

유형5

아이를 지나치게 믿거나 아예 내버려 두는, '방임형 엄마'

바쁘다는 핑계로 아이를 방치하거나 스스로 알아서 잘할 것이라는 막연한 믿음만 있고, 실제적인 도움은 주지 않는 유형입니다. 방임형 엄마의 경우 아이의 생활에 별다른 관심이 없습니다. 과제나 준비물도 알아서 챙기겠거니 생각하고 내버려 둡니다. 지나친 개입은 지양해야 하지만 그렇다고 아예 신경을 끄는 것도 옳지 않습니다. 아이에 따라 다르지만 발달단계상 스스로 할 수 없는 일들도 있기 때문이지요. 즉 아이에게 꼭 필요한 최소한의 것에서만큼은 개입을 해줘야 한다는 말입니다.

이 유형의 엄마들이 아이를 방임할 수밖에 없었던 이유는 다양합니다. 부부 사이가 너무 나쁘거나 아이를 제대로 양육할 환경이 갖춰지지 않은 경우도 있고요, 엄마가 양육 트렌드나 사회 변화를 빠르게 감지하지 못하는 경우에도 아이는 자연스럽게 방치됩니다.

방임형 엄마를 둔 아이들은 대체로 어느 것 하나에 정착하지 못하고 방황하는 경우가 많습니다. 마음 둘 데 없는 아이들은 쉽게 일탈 행위를 하거나 게임이나 스마트폰에 중독되기도 합니다. 엄마가 지나치게 관대했거나 엄마의 도움이나 조언이 절실히 필요한 때에 적절히 개입해 주지 못했으니 자신의 행동에 기준이 없고, 한계가 없어요. 아이는 무엇이 옳은지 그른지, 어떻게 해야 할지 몰라서 문제 해결에 집중력을 발휘하지 못하며 스스로를 믿지 못합니다.

방임형 엄마라면 가장 기본적인 것도 챙기지 못하고 있다는 자각부터 하셔야 합니다. 아이가 어리다면 먹고 자고 씻고 정리하는 것 등의 기본 습관을 기를 수 있도록 관심을 두고 지지해 주세요. 학습에서도 스스로 할 수 있는 힘을 기를 때까지는 도움이 필요합니다. 학령기 초반에는 엄마가 주도권을 쥐고 있다가 학년이 올라갈수록 서서히 아이에게 주도권을 넘겨주면 됩니다.

엄마를 공부하는 시간

아이를 건강하게 키우는 기술, 현명하게 아이의 삶에 개입하는 기술은 저절로 얻어지는 것이 아닙니다. 엄마도 엄마가 처음인 만큼 공부가 필요해요. 알고 나면 길이 보일 테니까요.

태어나서 바로 독립을 하는 동물과는 달리 사람은 한없이 약한 존재입니다. 자립이 가능할 때까지는 일정 기간 부모님의 밀착 케어가 필요하지요. 미취학 아동기에서 1~2학년까지는 바른 생활습관을 기르고, 기본 학습습관이 몸에 밸 수 있도록 부모가 코치로서 역할을 해줘야 합니다. 그리고 3~4학년이 되면 주도권이 서서히 아이에게 넘어가야 합니다. 스스로 학습하고 생활해 나갈 수 있도록 조금씩 거리두기를 시작하셔야 해요. 단, 주도권을 넘기는 일은 엄마에게도 쉽지 않아서 훈련이 필요합니다. 개입을 최소화하고 독립적이며 자주적인 습관을 기를 수 있도록 엄마와 아이가 함께 힘써야 합니다. 그런 다음 5학년 이상이 되면 완전하게 독립적인 형태로 바꿔주세요. 이때부터는 정말 최소한의 개입만 하시는 겁니다. 전지적 엄마 시점으로 아이를 바라보고 잘못된 결정만 피할 수 있도록 코치하는 데 그쳐야 합니다. 엄마가 자신의 개입 유형을 올바르게 자각하지 못하고 자신이 살아온 습관에 매몰되어 지나치게 개입하는 순간 엄마와 아이의 관계는 와르르 무너지고 악순환에 빠지게 됩니다. 엄마도 이제 똑똑하고 현명한 개입 방법에 대해 배우고 실천하려는 노력이 필요합니다.

여러분이 '과잉형 엄마'라면 지금부터라도 아이에게 개입할 것과 개입하지 말아야 할 것의 경계를 세워보세요. 아이가 충분히 혼자 해야 할 일이고 할 수 있는 일인데도 엄마의 불안으로 억지로 개입하고 있지는 않은지 살펴보세요. 그리고 과감하게 한 발짝 떨어지세요. 처음에는 아이에게 혼자 할 수 있는 방법을 잘 설명해 주고 "이제는 혼자 할 수 있지? 엄마는 너를 믿어."라고 말하며 격려해 주세요. 아이는 금방 적응하고 배워나가며 자기만의 방식을 찾아낼 겁니다.

'소심형 엄마'가 가장 먼저 할 일은 확고한 교육 철학을 세워보는 일입니다. 아이를 위해 어떤 교육 목표와 방침을 가질지 적어보면서 나만의 기준을 정해 보세요. 저도 아이가 어렸을 때는 교육 철학이 없어서 늘 갈팡질팡했어요. 아이가 중학교에 들어가면서부터 '자신이 가진 기질대로 자유롭게 성장하도록 돕는다'라는 원칙을 세웠답니다.

'투사형 엄마'는 먼저 자신의 문제부터 돌보고 해결해야 해요. 하루 중 일정 시간을 내서 엄마가 행복해지는 시간을 갖길 권합니다. 저도 아이들이 어렸을 때는 제 문제로 아이들에게 상처를 많이 줬는데, 문제가 해결되니 서서히 안정을 찾고 행복해지더군요. 자연스럽게 남편과 아이들을 대하는 태도도 바뀌었습니다.

'방임형 엄마'는 의도적으로 아이에게 집중할 수 있도록 노력해야 해요. 아이를 위한 시간을 확보하고 시시때때로 사랑과 관심을 적극적으로 표현해 주면 행복한 아이로 성장합니다. 함께 놀아주고 공부하며 즐거운 시간을 많이 보내는 것이 무엇보다도 중요해요. 물론 이렇게 아이에게 몰입할 시간을 내는 일이 힘든 분들도 많이 계십니다. 하지만 작은 것부터 시작해서 정성과 사랑을 보여주면 아이는 행복해할 거예요. 해답은 해보려는 의지에 있습니다.

여러분이 어떤 유형의 엄마이건 지금부터가 중요해요. 누구나 완벽할 수 없고 실수할 수도 있어요. 이제 스스로에 대해서 잘 알았으니 부족한 점을 채우고 잘못된 점은 고쳐 나가는 노력이 중요합니다. 지금부터 시작해도 늦지 않습니다.

엄마와 아이,
얼마나 가깝고 또 얼마나 멀까요?

    다음의 '엄마-아이 개입지수표'와 '엄마-아이 친밀관계지수표'를 통해 평소 자신이 아이에게 얼마나 개입하고 있었는지 또 아이와의 친밀관계는 어느 정도 형성되고 있는지 체크해 보세요. 엄마의 개입 정도에 따라 친밀관계지수 점수가 달라집니다. 개입 강도가 높을수록 아이와의 관계에 어려움이 발생합니다. 반대로 개입 강도가 낮을수록 아이와의 관계가 좋아지는 거고요. 늦지 않았답니다. 부족한 부분이 있다면 지금이라도 바로잡으면 됩니다. 이 책을 다 읽고 난 뒤에 자신을 돌아보고 연습 과정을 거친다면 머지않아 긍정적인 점수를 받을 수 있을 거라 확신합니다.

엄마-아이 개입지수표

일상, 놀이, 학습, 관계 등에서 엄마가 아이의 생활에 얼마나 간여하고 있는지 객관적으로 평가해 볼 수 있습니다.

순	구분	내용	평가				
			5	4	3	2	1
1	일상	아이가 스스로 일어나지 않고 엄마가 아이를 깨워준다.					
2		아이가 식사할 때 2회 이상 간여하거나 잔소리를 한다.					
3		아이가 씻거나 옷을 갈아입을 때 하루 2회 이상 잔소리를 한다.					
4		아이의 방을 엄마 마음대로 치우거나 아이 물건을 허락 없이 버린다.					
5		집에서 간식을 먹거나 밖에서 사 먹을 때 엄마가 아이에게 간섭한다.					
6		아이의 하루 일과에 대해 엄마가 계획을 짜준다.					
7		아이가 자신의 소재나 동선, 상황 등을 계속 보고하도록 한다.					
8	놀이	장난감이나 각종 기기를 고를 때 아이의 의견을 존중하기보다는 엄마의 의견이 기준이 된다.					
9		평일이나 주말 여가 시간에 아이가 친구들과 놀고 싶을 때 아이의 의견보다 엄마의 의견이 기준이 된다.					
10		취미 활동이나 놀이에 대해 하루 2회 이상 잔소리를 한다.					

11	학습	책을 고를 때 아이의 의사보다 엄마의 기준에 맞춰 고르거나 구입한다.					
12		아이의 준비물을 엄마가 대신 챙겨준다.					
13		아이의 숙제나 과제물에 대해 하루 2회 이상 잔소리를 한다.					
14		학원이나 과외 수업을 고를 때 아이보다 엄마의 기준으로 선택한다.					
15	관계	친구 관계에 대해 하나부터 열까지 다 꿰고 있어야 마음이 놓인다.					
16		친구 관계에 대해 개입하거나 간여한다. (ex. 특정 아이와 놀거나 놀지 말라고 한다)					
17	진로	아이의 진로에 대해 아이의 의지보다는 엄마의 의견을 강하게 주장한다.					
18	취향	아이의 옷 입는 취향이나 액세서리를 선택할 때 엄마의 취향을 강요한다.					
19	감정	아이의 감정을 존중해 주지 않고 엄마의 기분대로 행동한다.					
20	체험	체험 활동이나 여행지를 선택할 때 아이의 선택보다는 엄마의 기준과 의견에 의해 선정한다.					
소계							
합계							

●심각 단계: 총점 80~100점 ●적정 단계: 총점 60~79점 ●자율 단계: 총점 59점 이하

엄마-아이 친밀관계지수표

신뢰, 소통, 공감 등의 영역에서 엄마와 아이가 얼마나 친밀감이 있는지 성찰해 보고 아이와의 관계 회복을 위해 노력해 보세요.

순	구분	내용	평가				
			5	4	3	2	1
1	신뢰	아이가 엄마를 신뢰하지 않고 자기 마음대로 행동하려고 한다.					
2		아이는 엄마를 잔소리꾼으로 생각한다.					
3		아이는 엄마가 다른 형제자매와 비교한다고 생각한다.					
4		아이는 엄마가 자신을 친구들과 비교했을 때 부족하다고 생각하는 것으로 인식한다.					
5	태도	엄마의 말에 아이가 말대꾸를 하고 반항한다.					
6		평소에 아이가 엄마를 무시하거나 짜증스럽게 대한다.					
7	공유	아이가 놀이나 취미 활동을 엄마와 함께 하고 싶어 하지 않는다.					
8		친구 관계에 대해 자세히 이야기하지 않는다.					
9		자신이 좋아하는 캐릭터나 게임 또는 수집품을 엄마에게 숨기려 한다.					
10		아이의 친구들이 집에 놀러 오지 않는 편이다.					
11	관계	아이는 엄마가 자신의 방에 들어오는 것을 싫어한다.					
12		아이가 엄마와 함께 식사하는 것을 좋아하지 않는다.					
13		아이는 엄마가 자신을 미워하고 간섭하려고만 한다고 생각한다.					
14	소통	아이가 어려움이 있을 때 엄마와 의논하거나 도움을 요청하지 않고 다른 사람을 찾는다.					

15	소통	아이의 장래희망이나 진로에 대해 깊이 있는 대화를 하지 않는다.					
16		아이가 엄마와 조용히 대화하거나 토론하는 것을 싫어한다.					
17		아이가 엄마의 눈을 회피하고 혼자 있고 싶어 한다.					
18		아이가 하고 싶은 일이나 갖고 싶은 것이 있어도 엄마에게 이야기를 하지 않는다.					
19	공감	아이가 아프거나 몸이 불편할 때 엄마에게 솔직하게 말하지 않는다.					
20		아이가 슬픈 감정이나 기쁜 감정 등 감정의 변화가 있을 때 엄마와 공유하려 하지 않는다.					
소계							
합계							

• 위험 단계: 총점 80~100점 • 보통 단계: 총점 60~79점 • 친밀 단계: 총점 59점 이하

엄마의 성장 과정을
돌아보는 일

임신하는 순간부터 엄마들은 상상의 나래를 펼치기 시작합니다. 우리 아이는 공부를 잘했으면, 활발하고 긍정적인 사람으로 자랐으면 하지요. 어른이 된 아이의 모습을 머릿속에 그려보기도 합니다. 그리고 아이가 태어나면 상상을 현실로 바꾸기 위해 동분서주합니다. 좋은 어린이집과 유치원을 물색하는 일부터 시작해서 유명한 학원, 족집게 과외 선생님을 구하기 위해 발을 동동 구르며 안간힘을 쓰지요. 우리 주변에는 무조건 최고의 것들을 가져다줘야만 아이를 잘 키우는 거라고 믿는 분들이 생각보다 많습니다.

하지만 이 과정에서 문제가 발생합니다. 아이를 잘 키우는 것에 몰두한 나머지 아이의 삶에 과도하게 개입하게 됩니다. 엄마가 세워놓은 계획에 아이를 끼워 맞추게 되니 아이의 타고난 특성이나 역량을 살려주기가 어렵습니다. 왜 이렇게 되는 걸까요? 이런 유형의 엄마들과 대화를 나눠보면 대략적인 원인을 파악할 수 있습니다. 자신이 이루지 못한 꿈을 아이를 통해 실현하려는 마음을 제어하지 못하기 때문이지요. 즉 아이를 통해 자신의 결핍을 채우려는 마음 때문입니다.

엄마가 가진 불안감도 큰 몫을 합니다. 현재 엄마가 지닌 불안은 어릴 적 자신의 성장 과정에서 시작된 경우가 많습니다. 어렸을 때 불행한 일을 겪었다면 그때의 경험이 트라우마가 되어 아이에게 투영될 가능성이 높습니다. 자신이 보고 자란 대로 아이를 대하게 되기 때문이지요. 그렇기에 엄마들, 특히 앞서 소개한 개입 유형 중 과잉형 엄마에 속하는 엄마라면 한 번쯤은 자신의 성장 과정을 돌이켜볼 필요가 있습니다. 내재해 있는 트라우마가 없는지 말이에요. 과거의 트라우마로 인해 아이에게 지나치게 개입했거나, 지나치게 방임하지 않았는지 점검해 보셔야 합니다. 자신도 모르는 사이에 아이에게 상처를 주고 있었다면 빨리 감정의 대물림을 끊어야 합니다.

엄마의 감정은 아이에게로 흘러갑니다

전 많이 부족한 엄마였습니다. 저는 성장하며 겪은 아픔과 순탄치 못했던 결혼 생활에서 생긴 상처가 트라우마로 남아 아이들에게 사랑보다 고통을 더 많이 주었습니다. 잠깐 제 이야기를 하자면, 저는 가난한 집, 못 배운 부모님 밑에서 자랐습니다. 어렸을 때 부모님은 쌀가게와 운수업을 하셨는데 실패하고 이후에 연탄가게를 운영하셨지요. 어린 제 눈에는 그 모습이 그렇게 부끄럽고 싫었답니다. 학식 있고 경제적으로 넉넉했던 친구의 부모님과 자주 비교했어요. 그래서인지 전 언제나 주눅 들고 위축되어 있었습니다. 제 마음 한 구석에는 못난이 쫄보가 늘 웅크리고 앉아 있었어요.

이 못난이 쫄보는 제가 어른이 되면서 사라졌다고 생각했는데, 아이를 키우게 되니 잠들어 있던 쫄보가 서서히 깨어나더군요. 결혼 초기 저는 남편과 관계가 좋지 못했어요. 집안일도 육아도 함께 하는 자상한 남편을 바랐는데, 제 생각과는 달리 남편은 늘 일이 바쁘다는 핑계로 집안의 대소사에 소홀했거든요. 게다가 사람을 워낙 좋아하는 터라 늘 바깥으로 돌았습니다. 이렇다 보니 부부싸움이 잦았고 남편과의 관계가 매우 악화되었지요. 급기야 제게 공황장애와 우울증이 동시에 찾아왔습니다. 퇴근하고 돌아오면 밥도 먹지 않고 잠만 잤어요. 심지어 주말에도 아이를 보지 않고 잠만 잤습니다. 그나마 다행인 건 근처에 사시던 시부모님께서 아이들을 돌봐주셨다는 거예요.

아이들이 아주 어렸을 때 저는 철저한 방임형 엄마였습니다. 엄마의 사랑과 관심이 필요한 아이들에게 공허함만 안겨주었지요. 지금 생각하면 너무나 미안하고 안타깝습니다. 큰딸은 지금까지도 "엄마, 나는 애정결핍인가 봐." 하고 우스갯소리를 하곤 하는데 들을 때마다 가슴 한편이 저릿합니다.

방임형 엄마 생활을 청산하려면, 그러니까 멀어진 아이와의 거리를 좁히기 위해서는 스스로 악바리가 되어야만 했습니다. 무엇이든 최선을 다했고 완벽한 엄마가 되어주려 했어요. 그러다 보니 부작용이 생기더군요. 아이들에게도 완벽을 강요하고 말았습니다. 방임형 엄마에서 투사형 엄마로 바뀐 것이지요. 남편을 닮아 매사 긍정적이고 느긋하게 행동하는 딸을 보면 울화가 치밀어 '왜 저렇게 열심히 노력하지 않는 거지?' 하고 생각했어요. 자연스럽게 잔소리가 늘었고 딸과의 관계가 더 나빠져 오랜 시간 서먹한 사이로 지내게 되었습니다. 두 번째 위기가 찾아온 것이지요.

저는 이 위기를 공부와 일을 통해 극복하고자 했습니다. 대학원 공부를 시작했고 학교에서도 중책을 맡으며 낮아진 자존감을 회복하고자 했습니다. 모든 문제가 제게 있다는 것을 받아들이고 이해하기 시작했어요. 자신에게 연민을 느끼고 스스로를 보듬으며 트라우마를 극복하려 애썼습니다. 그리고 남편은 저와는 너무도 다른 사람이라는 것을 이해하고 있는 그대로 받아들이게 되었고요. 제 자신을 찾으니 딸과의 관계도 서서히 회복되었습니다. 아이들이 어렸을 때 더 빨리 깨달았다면 참 좋았을 텐데 하는 아쉬움은 남지만 더 늦었더라면 제가 가진 트라우마가 아이들에게 대물림되었을지도 모릅니다.

지금 저는 코치형 엄마가 되어 아이들과 도움을 주고받는 관계로 지내고 있어요. 아이와 적당한 거리를 두면서 꼭 필요한 부분만 개입하고 아이들이 자신만의 삶을 살 수 있도록 지지하고 도와주니 아이들도 자신의 길을 건강하게 잘 걸어가고 있는 것 같습니다.

CHAPTER 2

현명한 엄마는
아이와 서서히 거리를 둡니다

아이는 누구도 소유할 수 없는 분리된 인격체입니다. 아이의 독립된 삶을 인정하면 엄마와 아이의 일상이 달라집니다. 아이는 자신이 원하는 것을 엄마가 해줄 때 이것을 관심과 사랑으로 느낍니다. 아이가 자유롭게 자신의 삶을 개척해 가도록 엄마가 힘을 실어줄 때, 아이는 진정한 행복을 찾을 수 있고 삶이라는 머나먼 길을 씩씩하게 나아갈 수 있습니다.

아이와의 거리두기,
때가 있어요

    엄마의 지나친 개입으로 아이가 타고난 능력과 재능을 발휘할 수 없는 것만큼 안타까운 일이 또 있을까요? 그것도 아이를 위해 최선을 다했는데 그것이 되레 아이에게 상처가 되고 해가 된다면 말이에요. 그렇다고 해서 아직 모든 것이 낯설고 서툰 아이들을 혼자 내버려 둘 수도 없는 노릇입니다. 사람은 동물과 달리 태어나자마자 누군가의 도움 없이 혼자 살아갈 수 없기 때문입니다.

    그러니 엄마의 도움이 필요할 때는 적극적으로 나서되, 아이의 성장 속도에 맞춰 서서히 거리를 두면서 주도권을 넘겨줘야 합니다. 하지만 보통 이 과정이 순탄치 않아 많은 어려움을 겪습니다. 아이 혼자

하도록 지켜만 본다는 것이 엄마 입장에서는 답답하고 또 걱정스럽거든요, 하지만 방법은 있어요. 엄마가 다음 두 가지 기준을 기억하고 계시면 됩니다.

첫 번째 기준은 '엄마가 개입을 멈춰야 할 때'를 스스로 알아채야 한다는 것입니다. 자신의 행동에 관한 메타인지가 있어야 합니다. 즉 아이가 필요로 할 때는 개입을 하되 현재 자신이 지나치게 개입하고 있다는 사실을 인식하고 속도를 조절해야 한다는 말입니다.

그리고 두 번째 기준은 엄마가 아이와 거리를 둘 때 다음의 여섯 가지 법칙을 마음속에 새겨야 한다는 것입니다. 지금부터 좀 더 자세히 설명해 드리겠습니다.

지금 당장 개입을
멈춰야 할 때

① 엄마가 부정적인 감정에 빠져 있을 때

어떤 이유에서건 엄마가 부정적인 감정에 빠져 있을 때 아이의 행동에 개입하면 좋지 않은 결과를 가져올 가능성이 큽니다.

예를 들어 남편과 다퉈서 기분이 안 좋은 상태인데, 초등학교 1학년 아들이 TV만 보고 있어요. 숙제는 해놓고 보는 건지 TV 앞을 떠나지 않는 아들의 모습에 보나 마나 엄마의 울화통이 터지겠지요. 이때 아이의 행동에 개입한다면 어떤 상황이 벌어질까요? 엄마는 아이에게 부정적인 감정을 실어서 말할 수밖에 없습니다. "너 지금 몇 시간째

TV만 보고 있는 거야? 아주 TV 속에 빨려 들어가겠다. 빨리 *끄고* 공부 안 해?" 느닷없이 날아온 엄마의 속사포 잔소리에 아이의 마음속에는 반성이 아닌 억울한 감정만이 가득 들어찰 겁니다. "엄마는 왜 나한테만 그래요? 누나도 방에서 스마트폰으로 게임하고 있거든요?" 씩씩대며 말대꾸를 한 뒤 방문을 쾅 닫고 들어가 버리겠지요. 억지로 TV는 껐지만 기분 좋게 공부할 리 없습니다.

엄마의 부정적인 감정이 고스란히 아이에게로 흘러가 영향을 준 것이지요. 이를 심리학에서 '감정전이(Emotion Contagion)'라고 합니다. 다른 사람의 말투나 표정, 행동을 통해 감정적으로 동화되는 현상이지요. 엄마의 감정이 불안정하면 불필요한 감정까지 얹어 화를 낼 수밖에 없습니다. 잠깐 주의만 주면 될 일도 눈덩이처럼 커져 분노로 번집니다. 이처럼 엄마가 부정적인 감정에 빠져 있을 때는 아이의 행동에 개입하기 전에 먼저 자신의 감정을 추슬러야 합니다. 잠시 심호흡을 하거나 다른 생각으로 관심을 돌려 평정심을 찾으세요. 그다음 아이가 자기 행동을 스스로 되돌아볼 수 있도록 질문으로 개입하는 것이 좋습니다. "엄마가 보니까 꽤 오랜 시간 TV를 보던데 얼마나 본 거니? 숙제하는 데 문제는 없을까?"라고 물으면 아이는 "앗! 엄마 이거까지만 보고 들어가서 숙제할게요." 하고 다음 행동을 스스로 결정한 다음 기분 좋게 해나갈 수 있게 될 겁니다.

② 아이가 스스로 해야 할 필요가 있을 때

초등학교 1학년이 된 학생이 학교 현관 앞에서 실내화로 갈아 신거나 책가방을 들고 학교에 오는 일은 지극히 정상적인 행동이며 마땅히 해야 하는 일입니다. 그런데 가끔 엄마들 중에는 등굣길에 학교까지 가방을 들어주거나 실내화까지 갈아 신겨주는 분들이 계십니다. 아직까지도 아이가 너무 어리고 안쓰럽기에 아이가 충분히 할 수 있는 일임에도 대신 해주시는 거겠지요.

가정에서는 어떠한가요? 아이의 준비물을 챙기는 일부터 세수, 양치를 도와주거나 매일 아침마다 입을 옷을 정해 입혀주는 분들도 계실 겁니다. 심지어 저는 초등학교 3학년 아이의 밥을 먹여주고 매일 씻겨주는 엄마도 보았습니다. 이렇게 아이와 거리 둘 타이밍을 잡지 못하고 아이 삶에 지나치게 개입한다면, 즉 개입을 그만해야 할 때를 놓치면 아이는 성장하지 못한 채 영유아 상태로 머물게 됩니다. 계속해서 엄마에게 모든 걸 맡기고 의존하려고 할 거예요. 자립심을 키워야 할 초등 시기를 의미 없이 흘려보내고 말 겁니다. 이런 태도는 학교생활로 이어져 다양한 교육활동에 참여하거나 공부를 할 때도 주도적으로 하지 못하게 만듭니다.

숙제는 선생님과의 약속이자 아이가 스스로 해야만 하는 일입니다. 이것을 엄마가 나서서 지휘하려 들면 주도권을 빼앗긴 아이는 그것을 당연하게 여기기 시작합니다. 계속해서 엄마에게 기댈 수밖에 없겠지요. 아이가 책임감을 갖고 자신의 생활을 이끌어나갈 수 있도록 한 발자국 뒤로 물러서서 기다리고 지지해 주세요.

초등학교 저학년이라면 1~2미터 정도의 간격, 아이가 필요로 할 때 손을 뻗으면 닿을 거리에 머물러주시면 좋습니다. 저학년까지는 엄마의 지도가 필요한 아이들도 많거든요. 엄마가 해주던 것들을 하나씩 아이에게 주도권을 넘겨 주고 거기에서 오는 자기효능감을 느낄 수 있도록 도와주세요. '자기효능감'은 자기 능력에 대한 믿음을 말합니다. 자기효능감이 생긴 아이는 점차 적극적으로 자신의 생활을 적극적으로 주도해 나갑니다. 스스로 노력하고 성취해 본 경험이 자신감을 높이고 자존감을 키워줍니다. 어려운 일이 닥쳐도 자신의 힘으로 이를 헤쳐 나가고자 합니다.

그러니 엄마는 아이가 스스로 할 수 있도록 방법을 가르쳐준 뒤 믿고 맡기는 연습을 하셔야 합니다. 아이의 행동에 개입하기 전에 먼저 아이에게 정말 필요한 개입인지, 도리어 아이가 성장할 기회를 빼앗는 행동은 아닌지 잘 고민해 보시길 당부합니다.

③ 아이의 능력 밖의 일일 때

아이가 능력의 한계를 느끼는데도 엄마 욕심대로 밀어붙이는 분들이 계십니다. 능력 밖의 일을 억지로 한다는 것은 아이에게 매우 버겁고 고통스러운 일이에요. 아이로서는 이 상황이 억울하고 분할 수도 있습니다. 결국 엄마에게 반항하는 태도로 이어질 수 있어요.

제 큰딸이 초등학교 6학년이 되었을 무렵 유명한 영어학원에 다닌 적이 있었습니다. 레벨테스트를 통과해야만 들어갈 수 있는 곳이었어요. 저는 제 딸이 그 학원에 다니게 된 것만으로도 흡족했기 때문에 아이가 힘들어해도 계속 밀어붙였습니다. "어떻게 다니게 된 곳인데 힘들다는 거야? 네가 조금만 더 열심히 하면 되잖아!" 하지만 그 학원은 숙제도, 외워야 할 것도 너무 많았습니다. 집에 오면 늦은 시간까지 단어를 외우거나 숙제를 해야 했고, 저는 그런 아이를 감시하며 재촉하고 다그쳤지요. 아이가 남들보다 빨리 레벨이 올라가길 바라는 욕심이 과했던 거예요. 급기야 아이는 자주 울었고, 공부에 자신감과 흥미를 잃고 말았습니다. 그제야 아차 싶어서 학원을 그만두게 했답니다.

엄마의 욕심을 앞세우기 전에 내 아이를 잘 관찰해서 성향과 능력을 파악하는 것이 가장 중요합니다. 현재 아이가 가지고 있는 역량 밖의 일에는 과한 욕심을 내지 않는 것이 좋습니다. 서툰 것이 당연한데 계속 해내야 한다고 밀어붙이는 행동은 오히려 아이를 위축되게 만듭니다. 위축된 상태에서는 어떠한 것도 잘 해낼 수 없어요. 잦은 실패로 자신감이 떨어지고 자존감이 낮아질 수밖에 없습니다. 책임감을 기르기보다는 힘든 상황을 회피하려 할 수 있어요. 그러니 가정에서는 아이의 발달 단계와 특성에 맞는 학습과 역량에 맞는 과제를 할 수 있도록 배려해 주시길 바랍니다. 정말로 어려운 것, 아이가 스스로 할 수 없는 일이라면 아이에게 "도와줄까?"라고 의사를 물은 뒤에 도와주세요. 그 후에 잘할 수 있다고 힘을 북돋아주면 아이는 자신의 속도에 맞추어 잘 성장하게 될 것입니다.

④ 아이가 원하지 않을 때

아이의 의사를 묻지 않고 엄마가 알아서 다 해주는 아이들은 매사열심히 생활할 의지를 갖고 있지 않습니다. 의견이 있어도 결국에는엄마 마음대로 다 하게 될 텐데 굳이 나서서 뭔가를 할 필요가 없지 않겠어요?

어린 시절 발레를 배우는 것이 로망이었던 한 엄마가 계셨습니다. 아이에게는 꼭 발레를 가르치고 싶어서 아이의 의견도 묻지 않고 발레 학원에 등록한 뒤에 다음 주부터 시작하라고 이야기했대요. 아이는 하기 싫다고 말했지만 엄마는 무작정 배우라고 강요했어요. 갑자기 원치 않던 발레를 배우게 된 아이, 그 아이는 학원에 있는 동안 어떤 생각을 했을까요? 싫은 것을 억지로 하는 아이는 결코 행복하지 않습니다. 동기가 없으니 실력이 늘 리가 없지요. 부정적인 생각이 머리를 가득 채웠을 테고 학원에서 힘든 시간을 보냈을 거예요.

스스로 절실함을 깨닫고 필요성과 목적을 지닌 채 행동하는 사람과다른 사람이 시켜서 억지로 행동하는 사람의 태도는 확연히 다릅니다.

전자의 눈빛은 반짝이고 생기가 넘치는 반면 후자는 무기력하거나 짜증이 가득합니다. 아이의 선택권을 존중해 주세요. 자신이 결정한 일이라면 동기가 생겨 더 열심히 해나가려고 할 겁니다. 물론 잘못된 결정으로 아이가 버거워할 수도 있어요. 그럴 때면 조금씩 엄마가 개입하거나 옳은 결정으로 바꿀 수 있는 선택지를 제시해 주시면 됩니다. 단지 무엇이 되었든 조금씩이라도 아이가 스스로 해낼 수 있는 시간과 공간을 내어주시면 어떨까요?

⑤ 아이의 사생활에 방해가 될 때

아이에게도 숨기고 싶은 비밀과 사생활이 있습니다. 어리다는 이유로 아이들의 사생활을 무시하면 안 됩니다. 가끔 엄마들은 아이 방을 청소하다가 책상 위에 놓인 지저분한 메모지나 장난감 등을 아이의 허락 없이 버리는 경우가 있습니다. 그러면 아이는 자신이 소중하게 생각하는 것들을 버렸다며 울고불고 난리가 납니다. 분명 여러분 가정에서도 종종 벌어지는 상황일 겁니다.

제 둘째 딸은 소소한 물건에도 의미를 부여하고 소중하게 여기는, 세심한 성향을 지닌 아이입니다. 친구에게 받은 편지나 인형, 다이어리, 장난감, 열쇠고리 등을 잘 모아두곤 했지요. 한번은 아이 방을 청소하다가 지저분하게 널려 있는 장난감을 버린 적이 있었어요. 그런데 아이가 아끼던 물건이었던 거예요. 엄마가 자기 허락도 없이 아끼는 장난감을 버렸다는 사실에 크게 실망하며 슬퍼하는 모습을 보고, 제 생각이 짧았다는 걸 깨달았습니다. 그 이후부터는 아이 물건에 함부로 손대지 않게 되었답니다. 아이 방이 좀 지저분해도 개입하지 않고 스스로 치우게끔 했어요.

사람이라면 누구나 비밀도, 지키고 싶은 사생활도 있습니다. 또 특별히 애착을 갖는 물건도 있어요. 이럴 때 엄마는 아이의 사생활을 존중해 주셔야 합니다. 크게 문제되지 않는다면 세세한 부분까지 개입할 필요가 없습니다. 아이에 대해서라면 모든 것을 알아야 하고 엄마 마음대로 이끌어야만 직성이 풀리는 분들이 계시는데, 이는 정말 잘못된 생각입니다. 엄마가 아이 사생활에 계속해서 개입하려고 하면 결국 아이는 거짓말로 자신의 사생활을 지키려고 할 가능성이 높아집니다.

⑥ 자율적인 성장을 방해할 때

호기심이 많은 아이들은 크면서 점차 자기의 세계와 영역을 구축하고 싶어 합니다. 무척 자연스러운 현상입니다. 자신의 힘으로 성장하고 싶은 욕구가 생겼다는 것이고, 자기만의 방식으로 분출하려는 거니까요. 이런 아이들만의 세계가 있다는 것을 인정하고 받아주는 것이 좋습니다. 처음에 아이들은 자신이 가장 좋아하는 영역에 관심을 갖고 호기심을 품는데, 이것을 엄마가 좌지우지하려고 하면 그때부터 아이들은 스트레스를 받기 시작합니다. 삐딱한 시선으로 세상을 보고 반항하려는 마음을 갖기도 해요. 부정적인 마음은 엄마에 대한 미움으로 이어지는 경우가 많고요. 이는 곧 아이와 엄마에게 혹독한 사춘기가 닥칠 수도 있다는 뜻이기도 합니다.

모험을 즐기고 좋아하는 성향의 아이가 있었습니다. 누가 가르쳐주거나 시키지 않아도 자연스럽게 칼이나 총과 같은 장난감을 찾았고 친구들과 편을 갈라 대결하는 게임을 주도하기도 했지요. 이런 아이의 모습이 엄마는 매우 못마땅했습니다. 꽤 위험해 보였거든요. 그래서 장난감을 숨기거나 게임을 못 하게 막기도 했어요. 아이의 성향을 분출할 출구를 다 막아버리신 거예요. 활동적인 성향이 강한 아이를 차분하게 만들기 위해 종이접기를 시키고, 피아노도 가르치려고 하셨대요. 아이가 얼마나 답답했을까요? 물론 위험하고 자극적인 놀이로 진행되려는 순간에는 반드시 막아야 하겠지만 그렇지 않다면 기본적인 안전수칙이나 주의사항을 짚어주시는 정도로만 개입하는 것이 좋습니다.

사람은 누구나 자신이 주인공일 때 자발성을 가지고 열심히 참여합니다. 남의 일이라고 생각하는 순간 태도가 바뀌지요. 단지 엄마의 불안 때문에 아이가 할 일까지 미리 다 해주려고 하면 반드시 문제가 발생합니다. 성공도 실패도 직접 겪어보고 힘든 일을 견디는 등 이런 다양한 경험들이 훗날 아이가 험한 세상을 헤쳐 나갈 강한 원동력이 되어줄 겁니다. 엄마가 아이의 손과 발과 입과 머리와 생각을 꽁꽁 싸매고 쓸 수 없게 만들면 안 돼요. 그것은 아이를 망치는 지름길이라는 사실을 명심하세요. 어렵고 힘든 길도 자신이 주도한다면 힘들게 느껴지지 않습니다.

현명한 엄마의
여섯 가지 거리두기 법칙

양육이나 교육에 관한 철학은 되도록 아이가 어릴 때 확립하는 것이 좋습니다. 아이에 대해 가장 잘 아는 사람은 엄마이므로 먼저 엄마가 양육과 교육에 관한 기준을 명확히 정해야 추후에 일관성을 가질수 있지요. 물론 실전에서 일관성을 유지하기란 매우 어렵습니다. 상황이 어찌 흘러가게 될지도 모르고 아이가 엄마의 예상대로 따라올 리도 없으니까요. 하지만 기준에 대해 고민을 해본 사람과 아닌 사람은 위기의 순간에 극명한 차이가 납니다. 여러 상황들에 부딪혀 멘탈이 흔들리더라도 마음을 다잡고 원점으로 돌아올 수 있어요.

양육과 교육에 관한 기준을 세울 때는 먼저 아이를 관찰하여 성향을 파악하는 것이 중요합니다. 그래야 아이에 맞는 목표를 설정하실 수 있어요. 아이의 역량을 초과하는 목표를 설정하고 맹목적으로 돌진하면 관계가 틀어질 수 있으니 주의하셔야 합니다. 한번 틀어진 관계는 돌이키기가 매우 힘들고, 앞으로 엄마를 믿지 못하고 따르지 않게 될 수 있어요. 이런 관계가 이어진다면 추후 아이의 학업에도 지대한 영향을 줄 겁니다.

지금부터는 현명하고 지혜로운 엄마들이 사용하는 아이와의 관계에 거리를 두기 시작할 때 지켜야 할 여섯 가지 법칙을 소개해 드리려고 합니다. 이 법칙들이 여러분이 가져야 할 교육관을 세우는 데 중심축 역할을 해주면 좋겠습니다.

① 분리의 법칙

"아이는 엄마와 분리된 개체이다. 소유하려 들지 말자."

아이는 엄마의 소유물이 아닌 분리된 인격체입니다. 엄마와 아이는 피를 나눠 가졌지만 각각의 인격체로서 존중받고 이해받아야 합니다. 그러나 아이가 태어나면 최선을 다해야 한다는 책임감이 앞서 아이를 독립된 개체로 인식하지 못하는 경우가 있습니다. 저도 마찬가지였습니다. 아이와 저를 동일시하여 아이의 생활에 지나치게 개입하려 했고 모든 걸 다 해주어야만 직성이 풀렸으니까요. 엄마의 지나친 개입이 아이가 삶을 스스로 개척하고 주도적으로 살아갈 기회를 빼앗는다는 것을 뒤늦게 깨달았지요. 아이를 독립된 인격체로 인정하고 적당한 거리에 서서 지켜보고 응원해 주는 것, 그것이 엄마가 줄 수 있는 진정한 사랑이라는 것을 시행착오를 겪고 난 뒤 알게 되었습니다.

제 주변에도 아이를 자신의 소유물로 생각하는 엄마들이 많이 계십니다. 학원을 보낼 때 아이의 성향과 발달 단계는 고려하지 않고 엄마의 기준대로 선택하는 경우가 태반이지요. 아이의 진로를 의사나 변호사로 미리 정하고 쳇바퀴 돌리듯 학원과 과외로 내모는 경우를 수없이 봤습니다. 이제 막 초등학교에 입학했는데 벌써 어느 중학교, 고등학교, 대학교에 갈지 엄마의 머릿속에는 이미 그림이 그려져 있었어요. 아이가 자신의 흥미와 호기심과 성향에 따라 배움을 즐기며 현재를 충분히 누려야 하는데, 엄마가 정해놓은 미래를 실현하기 위해 그러지 못하는 것이 안타까웠지요.

아이도 엄연히 하나의 인격체이고 독립적인 존재입니다. 엄마의 마음대로 될 리가 없어요. 각자 지닌 성격과 특징이 있고 하고 싶은 것이 분명 있습니다. 타고난 성향이 온순하고 착한 아이들은 내키지 않더라도 엄마의 뜻대로 움직이지만 마음속에는 불만이 누적되고 도망가고 싶다는 생각을 합니다. 억압된 감정들이 폭발하면 그때서야 엄마는 당황하고 절망하시지요. "내가 지금까지 너를 어떻게 키웠는데…" 하고 말입니다. 반면 성격이 강한 아이들은 처음부터 엄마에게 반항을 합니다. 상담을 하다 보면 "제가 아이 때문에 포기한 것이 얼마나 많은지 아세요? 내 인생을 바쳐 헌신했는데, 대체 왜 제 뜻대로 해주지 않는 걸까요?"라고 말하는 엄마를 종종 만납니다. 엄마가 어떤 희생을 하셨든 간에 아이의 인격을 존중하는 마음이 밑바탕에 깔려 있지 않다면 아이는 그것을 사랑이라고 느끼지 않습니다.

한편 가정 혹은 사회에서 억압된 자신의 감정을 아이에게 쏟아내는 분들도 많습니다. 마치 감정의 쓰레기를 내다버리듯 아이에게 토해냅니다. 독재자가 되어 아이 위에 군림하고 모든 것을 통제하려 듭니다. 이 또한 아이를 자신의 소유물로 생각하기 때문에 벌어지는 일일 가능성이 높습니다. 이런 경우 엄마가 행복하면 아이도 행복하고, 엄마가 슬프면 아이도 슬퍼합니다. 감정이 전이되는 거지요. 아이의 성공을 자신의 성공으로 여기고, 아이의 실패를 자신의 실패로 여기기도 합니다. 서로 별개의 감정을 가진 인간인데, 제대로 분리가 이루어지지 못해 벌어지는 현상입니다.

아이는 누구도 소유할 수 없는 분리된 인격체입니다. 아이의 독립된 삶을 인정하면 엄마와 아이의 일상이 달라집니다. 아이는 자신이 원하는 것을 엄마가 해줄 때 이것을 관심과 사랑으로 느낍니다. 아이가 자유롭게 자신의 삶을 개척해 가도록 엄마가 힘을 실어줄 때, 아이는 진정한 행복을 찾을 수 있고 삶이라는 머나먼 길을 씩씩하게 나아갈 수 있습니다.

② 믿음의 법칙

"아이의 유능함을 믿고 맡겨라."

때론 어른들의 지나친 불안과 걱정이 아이들의 성장을 방해합니다. 아이가 다칠까 봐 무서워할까 봐 지저분해질까 봐 부서질까 봐 아플까 봐 그 어떤 것도 함부로 시도하지 못하게 막아서는 분들이 많습니다. 그런데 학교에서 수많은 아이들을 만나보니 알겠더군요. '아이들은 우리가 생각하는 것보다 훨씬 유능하다'라는 사실을 말이지요. 적어도 어른들이 믿고 기다려주기만 한다면요.

핀란드나 스웨덴과 같은 북유럽 국가에서는 '숲 학교'가 활발하게 운영되고 있습니다. 이곳 아이들은 높은 나무 위에 올라가 매달리고 타잔처럼 밧줄을 타고 놀아요. 이 모습을 보고 있으면 '아이들을 믿고 맡겨만 주면 저렇게 자유롭게 몸을 움직이며 즐겁게 놀 수 있구나! 이 아이들은 신체적, 정신적, 정서적으로 정말 건강하게 자라겠다'라는 생각이 절로 듭니다. 자그마한 손으로 나뭇가지를 모아 불을 피우고 그 위에 화덕을 올려 피자를 굽는 모습에선 놀라움을 금할 수가 없습니다. 만약 한국 초등학교에서 아이들에게 이런 활동을 하게 했다면 위험하다며 학부모의 항의 전화가 끊이지 않았을 거예요.

그리고 북유럽의 일부 학교 내에는 목공소가 있습니다. 이곳에서 아이들은 나무를 재단해 톱으로 자르고, 망치로 뚝딱뚝딱 자신에게 필요한 가구나 놀이기구를 만듭니다. 위험한 공구들도 능숙하게 잘 만지고 활용하지요. 우리나라 교실에서는 안전을 이유로 이렇게 생생한 체험을 하는 것을 자제하고 있습니다. 가끔은 어른들의 지나친 걱정과 경계가 아이들이 능력을 발휘할 기회를 가로막는 것은 아닐까 하는 생각이 듭니다. 스스로 책임감을 가지고 안전을 지킬 수 있는 훈련이 전제된다면 아이들도 스스로 다양한 놀이를 창조해 나갈 수 있습니다. 가정에서도 엄마가 모든 것을 준비하고 계획해 주지 않아도 아이들은 몸의 감각을 통해 사물과 끊임없이 교감하면서 놀이를 만들어가고 창조합니다. 놀이 자료나 자연 속에 있는 자연물도 끊임없이 변형해 가지고 노는 과정을 통해 창의력과 상상력을 키워갑니다.

심리학자 마틴 V 코빙턴(Martin Covington)의 「자기가치이론(Self-worth theory)」에 의하면 인간은 누구나 자신을 가치 있는 유능한 존재로 인식하기를 원하며, 자신을 유능한 존재로 인식하려는 것이 행동을 결정하는 동기가 된다고 합니다. 부모가 아이의 유능함을 믿고 기대하면 아이가 내재되어 있던 능력을 끄집어내서 적절하게 활용한다는 겁니다. 곧 엄마가 믿고 맡기는 만큼 아이의 그릇이 커지고 유능해진다는 말이지요.

③ 존재 수용의 법칙

"아이를 있는 그대로 받아들이고 존중해 주자."

엄마들은 아이가 심하게 아프거나 다치면 머릿속이 새하얘지고 얼이 나갑니다. 또 잠깐이라도 아이를 잃어버리면 숨이 멎고 정신이 혼미해집니다. 누군가 아이를 빼앗아 간다면 살 수 있을까요? 생각만 해도 끔찍합니다.

바로 이 순간 우리는 아이를 절대적 존재로, 누구와도 대체할 수 없는 유일한 존재로 바라봅니다. 아이가 그저 건강하게 살아있다는 것 그 하나만으로도 축복임을 깨닫습니다. 아이가 말을 안 듣거나 공부를 못하거나 떼를 쓰고 형제자매와 싸워도 문제가 되지 않지요. 문제는 우리가 극한 상황에서만 있는 그대로의 아이를 소중히 여긴다는 겁니다. 모든 것이 제자리를 찾고 평범한 일상으로 돌아가면 언제 그랬냐는 듯이 존재의 소중함을 잊고, 무서운 사감 선생님이 되어 아이를 평가하고 기준과 목표에 도달시키려고 안간힘을 씁니다. 다음 행동을 명령하고 거슬리는 행동을 지적하며 매사 교훈을 주려고 합니다. "너는 왜 그 모양이니?", "왜 그것 밖에 못하지?", "그렇게 많이 먹으면 살찐다고 했어, 안 했어?", "공부를 하는 거니? 노는 거니?"라고 말합니다. 엄마의 비언어적인 태도를 통해서도 아이들은 많은 감정을 전달받습니다. 짜증스러운 표정과 퉁명스러운 말투, 불친절한 행동 속에서 엄마의 생각을 읽어요. 존중받지 못하고 사랑받지 못하고 있음을 온몸으로 느낍니다.

초등학교 2학년 담임을 맡았을 때 자폐를 앓던 한 남자아이가 있었습니다. 아빠는 대학 교수, 엄마는 중학교 수학 선생님이셨는데, 마흔이 넘어 첫 아이를 낳으셨다고 해요. 그때 저는 또래의 딸을 키우고 있어서 또래 아이들의 성장 발달 단계를 누구보다 잘 알고 있었습니다. 그런데 그 아이는 발달이 늦은 편이라 2학년임에도 불구하고 한글을 깨치지 못했습니다. 그러니 다른 친구들처럼 수업을 잘 따라올 수 없었어요. 그런데 신기하게도 수학시간만큼은 눈이 초롱초롱 빛나며 행복해 하는 겁니다. 문제도 곧잘 풀었습니다. 해답은 엄마의 양육태도에 있었습니다. 그 아이의 엄마는 자신의 아들이 발달도 느리고 미숙했지만 전혀 조급해하지 않았고, 오히려 행복해했어요. 4~5세 정도의 유아가 그린 것 같은 그림일기에도 뿌듯해 했고, 아이가 성취하는 작은 성공들에 크게 기뻐하셨습니다. 저도 처음에는 '저 엄마는 어떻게 저럴 수가 있을까? 겉으로는 아닌 척해도 속으로는 얼마나 괴로우실까?'라고 생각했어요. 그러나 시간이 갈수록 엄마가 아이를 있는 그대로 받아들이고 존중하는 모습에 큰 감동을 받았습니다. 이 세상에 태어나 내 아이로 존재하는 것만으로도 감사함을 느끼는 그녀의 태도는 '실존은 본질에 우선한다'라는 실존주의 철학을 몸소 실천하는 것이었어요.

그 아이가 부족함을 느끼지 않고 밝고 명랑하고 천진난만하게 지내는 것을 보고, 전 제가 그동안 갖고 있었던 행복의 기준을 다시 한번 생각하게 되었습니다. 아이가 지금(now) 여기(here)에서 나(I)의 삶이 중요하다는 것을 느끼고 살 수 있도록 배려해 주어야겠다고 말입니다.

아이를 있는 그대로 받아들이는 일은 아이를 이해하는 것에서부터 시작됩니다. 아이의 성격이나 기질을 이해하고, 발달 속도를 이해하고, 처해 있는 환경을 이해하고, 인지적인 능력이나 정서적 특성을 이해하면 우리의 마음은 활짝 열립니다. 엄마가 아이를 있는 그대로 받아들이면 아이는 존중받는 느낌을 받아요. 존중받는 느낌을 받으면 자존감이 높아지고 자신감이 생깁니다. 소극적이었던 마음이 적극적으로, 위축되었던 태도가 과감해질 수 있습니다. 숨어 있는 재능을 발휘할 수 있게 되고 무엇이든 도전하고 싶은 용기가 생깁니다. 엄마의 입장에서가 아니라 아이의 입장에서 삶을 바라보고, 아이를 향한 기대와 수준을 내려놓으면 엄마와 아이 모두가 행복해집니다. 어떻게 보면 행복이란 우리가 정해놓은 인식의 틀로 바뀔 수 있는 가변적인 것일 수도 있지 않을까요?

④ 이해와 공감의 법칙

"아이의 행동 이면에 있는 마음을 읽어주자."

아이를 키우면서 가장 힘들 때는 아이와 소통이 되지 않을 때입니다. 질문해도 대답을 하지 않고 짜증을 내거나 이유 없이 화를 내면 엄마는 답답해서 아이를 다그치거나 같이 화를 내기도 합니다. 그러면 아이는 달팽이처럼 자기만의 동굴 안으로 쏙 숨어버립니다. 이럴 때 엄마는 아이의 행동 자체가 아닌 이면에 있는 마음을 읽어주셔야 합니다. 아이의 부정적 행동에 즉각적으로 대응하지 말고 우선은 아이의 감정을 잘 받아주세요. 예를 들면 "오늘 학교에서 기분 나쁜 일이 있었나 보구나. 엄마가 맛있는 떡볶이 해놨으니 먹어볼래?" 하고 살짝 비켜주거나 마음이 풀리길 기다려주는 겁니다. 아이의 감정이 좀 누그러진 뒤에 밖에서 어떤 일이 있었는지, 친구와 싸웠는지 물어보고 감정을 헤아려주는 것이 좋습니다. 대부분의 아이들은 자신의 감정을 솔직히 이야기하기보다는 먼저 행동으로 감정을 표현하는 것에 익숙해져 있습니다. 그런데 엄마가 자신의 마음을 먼저 읽어주고 함께 공감해주면 아이도 서서히 마음을 열고 소통을 시작합니다.

전교생이 100명 안팎인 작은 시골 학교에서 교과 전담 교사로 근무할 때였습니다. 4학년 미술시간에 동현이가 볼멘소리로 저를 부르는 겁니다. "선생님, 선우 좀 혼내주세요! 제 책상을 발로 차고, 자꾸 등을 연필로 찔러요." 저는 즉시 "그러면 안 돼."라고 주의를 줬지만, 선우는 들은 체도 않고 계속해서 소란을 피웠습니다. 그냥 둘 수가 없어서 선우를 불렀는데, 제 앞에서도 잔뜩 화가 난 얼굴로 분노를 가라앉히지 못했습니다. 화도 삭일 겸 복도에 잠시 서 있으라고 하니 유리창을 탕탕 치면서 더 크게 화를 냈어요. 그땐 저도 화가 났지만 꾹 참고 "네가 친구 책상을 발로 차고 괴롭히고, 수업 시간에 시끄럽게 했잖아. 그런데 네가 왜 화를 내는지 선생님은 잘 모르겠어. 잠깐 마음을 좀 가라앉히면 좋겠다."라고 말한 뒤 교실로 들어왔습니다. 진짜 문제는 그 이후였어요. 쉬는 시간이 되어 복도로 나와 보니 선우가 보이질 않는 겁니다. 교실에도 운동장에도 심지어 선우의 집까지 달려가 보았지만 아이가 보이지 않았습니다. 마음 졸이며 초조하게 아이를 찾아 헤매는데 아이가 화장실에 숨어 있다가 나타났다는 담임 선생님의 전화를 받았습니다.

그날 오후 담임 선생님과 선우에 대해 이야기를 나눠보았어요. 선우는 아빠와 단둘이 사는데, 그날 아침에 아빠에게 크게 혼이 났대요. 그래서 억울하고 분한 마음을 친구를 괴롭히는 것으로 풀려 했던 것이었습니다. 선우의 마음을 먼저 헤아리지 못한 것이 못내 후회가 되었습니다. 미안한 마음에 하나라도 더 챙겨주고 싶어졌고, 아이에게 힘이 되어줄 수 있는 말을 건네고 싶었어요. 평소와 같이 선우가 반항하거나 퉁명스럽게 표현해도 마음을 먼저 이해하려고 애쓰며 관심을 두고 늘 지켜봐 주었습니다. 한번은 선우가 어린이날 기념으로 열린 체육대회의 학급 달리기에서 1등을 했어요. 그런 선우에게 "선우야, 달리기 정말 잘하더라! 너무 멋졌어."라고 칭찬을 했더니 쑥스러운지 머쓱한 미소를 짓고 지나가더군요. 그 이후에도 저는 계속해서 선우를 칭찬해 주었고, 수업 시간에도 눈을 맞추는 등 관심을 두고 지켜보았습니다. "우와! 선우가 오늘 기분이 좋은가 보구나. 노래도 정말 열심히 부르던데. 수업에 잘 참여해 줘서 정말 고마워!"

그로부터 얼마 후 선우의 태도는 눈에 띄게 달라졌습니다. 수업 시간에 적극적인 태도로 참여했고, 시키지 않아도 나서서 칠판을 닦기도 했으며 친구를 돕기 시작했어요. 어느 날 환경동아리에 가입해서 화단에 꽃을 심고 있는 선우가 보이길래 "선우야, 꽃이 정말 예쁘다!"라고 말하고 하이파이브를 했습니다. 순간 '쨍' 하고 선우의 마음과 제 마음이 하나로 통하는 기분이 들었어요. 학년 초 불만투성이 얼굴로 수업을 방해하던 선우의 모습은 이제 사라지고 없습니다.

저는 담임 선생님의 이야기를 듣기 전까지는 선우의 행동만 보고 버릇없고 맹랑한 아이로 단정지었습니다. 아이의 행동을 바르게 교정해 줘야만 한다고 생각했지, 왜 그런 행동을 했고 지금 기분이 어떤지는 전혀 고려하지 못했어요. 그런데 상황을 알고 나니 선우의 행동이 이해되었고, '충분히 그럴 수도 있었겠다!' 하고 공감이 되었습니다. 선우는 불쾌한 상황이나 욕구 불만에 직면한 상황에서 타인을 공격하거나 정복함으로써 자기 욕구를 충족시키려는 '공격기제(Aggressive Mechanism)'가 강한 아이입니다. 공격기제는 방어기제나 도피기제처럼 수동적인 것이 아니라 능동적인 태도로 정서적 긴장을 해소하려는 기제입니다. 욕구불만이 생기면 폭행, 싸움, 기물파괴와 같은 물리적 공격으로 해소하기도 하고, 욕설, 비난, 조소, 중상모략, 야유와 같이 간접적으로 해소하기도 합니다.

아이의 행동 이면의 마음을 읽고 공감하는 일은 아이의 존재를 있는 그대로 이해해 주는 것과 같습니다. 겉으로 드러난 모습 뒤에 숨어 있는 진짜 마음을 알아주면 비로소 아이는 순수하고 선한 마음을 내보입니다. 기분 나쁜 감정이나 힘든 상황을 극복해야겠다는 마음이 생기고 다시 힘을 낼 수 있게 되지요. 그리고 아이는 이렇게 자신의 마음을 헤아려주는 대상에게 무한한 신뢰와 사랑을 느낍니다.

⑤ 평가 금지의 법칙
"엄마 마음대로 아이를 섣불리 평가하거나 판단하지 말자."

인간은 때로 다른 사람의 평가나 판단으로 인해 행동이 위축되거나 의욕을 잃습니다. 아이가 어릴 때는 본능적으로 색연필을 잡고 자연스럽게 그림을 그려요. 그런데 고학년으로 올라갈수록 다른 사람의 평가나 시선을 의식하기 시작해 "나는 그림을 잘 못 그려요."라고 단정 짓고 그림 그리는 것을 회피하는 아이들이 생깁니다. 사회의 질서나 규범을 익히고 타인과 관계를 맺으면서 아이들은 자주 평가나 판단의 대상이 됩니다. 이 과정에서 욕구불만, 갈등, 압박감 등을 느끼기도 하고, 자신을 보호하기 위해 합리화나 투사 등의 방어기제를 사용하기도 해요. 퇴행이나 고착 등의 도피기제를 쓰기도 합니다. 자라나는 아이들을 어른들의 기준으로 섣불리 평가하거나 판단하지 않으면 좋겠습니다. 평가나 비판으로 아이의 의욕을 꺾기보다는 가급적이면 긍정적인 피드백을 주는 것이 무엇보다도 중요하다는 사실을 잊지 않기를 바랍니다.

사람들은 같은 상황을 보고도 각기 다른 반응을 보이곤 합니다. 엄마도 사람이니 상황이나 기분에 따라 반응이 다를 수 있어요. 하지만 자녀를 양육하는 것에서만큼은 주의하셔야 합니다. 상황이나 기분대로 행동하려는 자신을 한 번 다독일 수 있는 여유와 시간을 확보할 수 있도록 노력하셔야 해요. 물론 쉽지는 않습니다. 다음 두 경우를 비교해 보겠습니다.

매사 아이의 말과 행동에 민감하고 빠르게 반응하며 되도록 긍정적인 피드백을 주고자 했던 엄마가 계셨습니다. 한편 아이의 어떤 성취에도 무심하게 반응하거나 반응을 아예 보이지 않고, 답을 할 경우엔 부정적인 피드백을 주는 것에만 집중하던 엄마도 계셨지요. 이 두 엄마의 아이들은 어떻게 자랐을까요?

첫 번째 엄마의 아이는 늘 자신감이 넘쳤습니다. 항상 웃었고 실수를 두려워하지 않으며 도전의식이 강했어요. 그러나 두 번째 엄마의 아이는 의심이 많고 늘 불안해 보였습니다. 자신을 믿지 못하고 늘 부정적인 결과만을 떠올리니 공부도 일도 잘 해낼 수 없었습니다. 이렇듯 어릴 적 부모의 비난이나 부정적 비판을 듣고 자란 아이들은 자아존중감이 낮고 위축되어 있는 경우가 많아요.

"너는 왜 그렇게 칠칠치 못하니?"

"으이구, 네가 하는 일이 다 그렇지 뭐!"

"엄마한테 왜 말대꾸를 해! 조용히 하지 못해?"

"넌 참 못된 아이야."

비난의 말을 듣게 되면 아이는 '나는 부족한 사람 같아'라고 생각하며 삽니다. 결국 자신감 없는 어른으로 성장할 가능성이 높아집니다. '나는 이 세상에 필요 없는 사람이야'라고 부정적인 결론으로 발전하는 경우도 여럿 보았습니다. 하지만 생각을 전환하면 같은 상황에서도 얼마든지 긍정적으로 반응할 수 있습니다.

"네가 물건을 잘 챙기지 않으면 너의 소중한 물건을 잃어버리게 될 수도 있어. 앞으로는 잘 챙기도록 노력해 보는 게 어떨까?"

"엄마도 너처럼 어려웠을 것 같아. 우리 같이 힘을 합쳐볼까?"

"엄마한테 네 생각을 말해 주겠니?"

"넌 언제나 엄마에게 행복을 주는 아이란다."

이렇듯 아이 마음에 상처를 주지 않고도 엄마의 의사를 잘 전달할 수 있습니다. 이런 말에는 아이에 대한 '평가'나 '판단'이 들어가지 않습니다. 그것이 긍정적인 내용일지라도 누군가의 기준에 의해 내가 평가된다는 사실은 성인들도 감당하기 어렵습니다. 계속 신경을 쓰게 하고 위축되게 만들어요. 하지만 엄마들은 자신도 모르는 사이 아이를 판단하고 평가하며 잘한 일보다는 못한 일에 집중하여 비판을 쏟아내곤 합니다. 모두 아이가 더 잘되길 바라는 마음으로 말하지만 정작 아이는 잘못된 의미로 받아들이기 쉽지요. 엄마가 아이에게 "학교에 가서 착하게 행동해야 해."라고 말한다면 아이가 받아들이기에는 은연중에 '너를 믿지 못하겠어'라고 표현하는 것으로 전달이 될 수도 있다는 뜻입니다. 대신 "네가 학교에 가서 선생님 말씀도 잘 듣고 친구들과 사이좋게 지내길 바라."라고 말한다면 비판 없이 엄마의 희망사항을 잘 전달할 수 있습니다.

부모의 평가나 판단, 부정적인 피드백에 익숙한 아이들. 이 아이들이 자라면 자신의 행동과 인격이 동일한 것이라는 착각에 빠지기 쉽습니다. 이러한 착각에서 아이를 구하려면 엄마는 아이와 아이의 행동을 분리해 생각하는 연습을 하셔야 합니다. 평가나 판단이 섞인 말보다 엄마의 생각과 느낌을 있는 그대로 전달하고 원하는 것을 솔직하게 이야기하는 것이 좋습니다.

그리고 엄마의 평가나 판단이 모두 옳을 수는 없기 때문에 엄마의 시선과 기준으로 아이의 모든 것을 판단하는 것은 위험합니다. 아이의 기준에서도 돌이켜 생각해 보고 이해하려는 마음의 여유가 필요합니다. 엄마가 아이에게 사랑을 표현하고 전달하는 데 비판은 걸림돌이 됩니다. 아이에게 온전한 사랑과 관심을 전하고 싶다면 '판단'을 통한 '낙인찍기'를 그만두고, 아이의 행동에 대한 느낌만을 말해야 한다는 점을 명심하시길 바랍니다.

⑥ 성장 가능성의 법칙

"완벽주의 고정관념에서 벗어나라."

태어날 때부터 완벽하게 갖추고 태어나는 사람은 없습니다. 미성숙한 상태로 태어나 발달 과정을 거치며 점차 성숙해지는 것이지요. 그런데 엄마들은 아이에게 저마다 환상을 품고 있습니다. 인간은 완벽하지 않다는 점을 알면서도 내 아이만은 다를 거라고 막연하게 믿는 겁니다. 그러고는 아이에게 자신의 믿음을 적용시킵니다. 처음부터 모든 것을 다 완벽하게 해내기를 바라지요. 부모님 말씀도 잘 듣고 학교생활도 잘하며 공부도 심부름도 척척 다 해내야 한다고 생각합니다. 예절과 규칙을 잘 지키는 모범적인 아이로 성장할 것이라고 믿습니다. 그리고 이런 염원이 어긋날 때마다 엄마들은 화가 나 아이를 비참하게 만들곤 합니다.

"넌 왜 이것도 못 하니?"
"성적이 떨어지면 네가 원하는 장난감 안 사줄 거야."
"이럴 때는 이렇게 하는 거잖아! 왜 가르쳐준 것도 못 해?!"

아이를 사랑하기 때문에 좀 더 완벽해지길 바라는 마음으로 독하게 질책하고 꾸짖습니다. 하지만 아직 어린 아이들은 이런 엄마의 행동에 담긴 뜻을 잘 이해하지 못합니다. 그저 날카로운 말에 쉽게 상처받고 스스로가 불행하다고 느낄 뿐이지요.

그런데 한번 생각해 보세요. 여러분의 어릴 시절은 어떠셨나요? 엄마의 잔소리에 짜증내고, 시험 기간이 되면 공부보다는 만화책이 유난히 재미있게 느껴졌고, 내 마음대로 안 되면 반항도 해보고, 부모님 몰래 크고 작은 나쁜 짓도 더러 하지 않으셨나요? 어린 시절을 돌아보면 아이들은 처음부터 완벽할 수가 없다는 것을 새삼 깨닫게 됩니다. 나이가 들면서 이런저런 경험을 통해 실력도 쌓고 관계도 개선하며 세상을 알아가는 것이 당연하지요.

하지만 '아이들은 원래 미성숙하게 태어나고, 내 생각대로 안 되는 것은 당연해'라는 전제를 놓고 생각하면 이야기는 조금 쉬워집니다. 엄마의 생각이 바뀌면 태도가 달라집니다. 아이의 노력을 인정하고 흠뻑 칭찬해 주세요. 엄마의 걱정과 두려움에 대해 자세하게 설명하고 아이와 감정을 공유하세요. 아이를 있는 그대로 존중하고 아이의 마음과 상황을 이해하는 말을 건네주세요.

"수학은 원래 쉬운 과목이 아니야. 그런데도 열심히 노력하는 모습이 정말 멋지다."

"네 시험 성적이 내려갈까 봐 걱정이 되어서 그래."

"엄마가 가르쳐주는 방식으로 해보면 좋을 것 같은데, 네 생각은 어떠니?"

아이는 부모와 함께하는 모든 순간들을 통해 많은 것을 경험하고 습득해 나갑니다. 아이에게 그 과정이 즐겁게 느껴진다면 더할 나위 없이 좋은 추억들로 쌓이겠지요. 엄마의 진심을 오해하지 않고 올바른 방향으로 나아갈 수 있는 지침을 얻게 됩니다. 미숙함을 받아들이고 수용하고 격려하면서 키울 때 아이들은 행복하게 자랍니다.

너그러운 마음으로 기다려주고 성장해 가는 과정을 격려해 주는 것이면 충분합니다. 이런 과정을 거친 아이들은 성인이 되어 비슷한 상황이 닥칠 때 좌절하거나 두려워하기보다는 긍정적으로 문제를 해결해 나가려고 노력합니다. 그러니 엄마가 아이에게 줄 수 있는 진짜 유산은 바로 고정관념이 아닌 유연한 사고와 다양한 경험 속에서 오는 '세상을 살아가는 힘이고, 좌절을 회복할 수 있는 힘'이 될 것입니다.

◆ 거리두기 연습 체크리스트 ◆

지금까지 엄마와 아이와의 거리두기에 대해 이야기를 나누어 보았어요. 실제로 여러분은 아이에게 얼마나 거리두기를 하고 계신지 확인해 보고 생활 속에서 실천하도록 돕기 위해 체크리스트를 준비했습니다. 아이를 사랑하고 걱정하는 마음에 자신도 모른 채 아이의 생활 깊숙이 개입해서 대신 해주거나 간여하고 계시지는 않은지 다시 한번 꼼꼼하게 되짚어 보시면 좋겠습니다.

아이의 학년에 맞게 저학년용(1~3학년)과 고학년용(4~6학년)을 선택해서 사용하시기 바랍니다. 만약 해당 항목 숫자가 12개(60%) 이하라면 거리두기에 좀 더 신경을 쓰시면 좋겠습니다.

초등 저학년용(1~3학년)

	영역	점검 내용	체크 ☑
1		아이가 스스로 일어나게 한다.	
2		아이가 혼자 씻게 한다.	
3		아이가 스스로 식사를 하게 한다.	
4	생활	아이가 스스로 옷을 입을 수 있게 한다.	
5		가까운 거리라면 종종 심부름을 시킨다.	
6		오늘 입은 옷을 바르게 정리하고, 다음 날 입을 옷도 미리 준비하게 한다.	

	영역	점검 내용	체크 ☑
7	생활	책상 정리와 방 정리를 일주일에 한 번 정도 하게 한다. (처음엔 부모가 도와주고 차차 스스로 할 수 있도록 가르친다)	
8		TV 보는 시간을 가족과 의논해서 정하고 잘 지키도록 한다.	
9		스마트폰이나 컴퓨터 사용, 게임 등의 시간을 가족과 의논해서 정하고 잘 지키도록 한다.	
10		취침 시간을 스스로 정하고 잘 지키도록 한다. (ex. 오후 9~10시에 잠자리에 든다)	
11		가족회의에서 정한 역할 분담을 스스로 잘 실행하게 한다. (ex. 화분 물주기, 신발장 정리 등)	
12		멀리 떨어진 가족이나 친척에게 안부를 전하게 한다. (ex. 할머니, 할아버지 등)	
13		건강 관리를 위해 운동 습관을 기르도록 한다. (ex. 줄넘기, 달리기 등)	
14	학습	준비물을 스스로 챙기게 한다.	
15		학교와 학원을 스스로 가게 한다.	
16		알림장과 통신문을 엄마에게 자발적으로 보여주게 한다.	
17		과제를 스스로 하게 한다.	
18		공부 계획을 세워서 하루에 30분~1시간 정도는 자율적으로 공부하게 한다.	
19		매주 한 권의 책을 읽거나 원하는 취미를 갖게 한다.	
20	관계	친구와의 관계를 스스로 선택하고 유지하게 한다.	

초등 고학년용(4~6학년)

	영역	점검 내용	체크 ☑
1	생활	아이가 스스로 시간을 잘 지키게 한다. (ex. 학교, 학원에 가는 시간 등)	
2		아이가 하루의 일정을 직접 계획하고 관리하게 한다.	

	영역	점검 내용	체크 ☑
3	생활	역할 분담을 통해 부모님을 돕도록 한다(ex. 청소 등).	
4		필요할 시 심부름을 시킨다.	
5		오늘 입은 옷을 바르게 정리하고, 다음 날 입을 옷도 미리 준비하게 한다.	
6		책상 정리와 방 정리를 일주일에 한 번 하게 한다.	
7		TV 보는 시간을 가족과 의논해서 정하고 잘 지키도록 한다.	
8		스마트폰이나 컴퓨터 사용, 게임 등의 시간을 가족과 의논해서 정하고 잘 지키도록 한다.	
9		취침 시간을 스스로 정하고 잘 지키도록 한다. (ex. 오후 9~10시에 잠자리에 든다)	
10		건강 관리를 위해 운동 습관을 기르도록 한다. (ex. 줄넘기, 달리기 등)	
11		좋아하는 취미를 한 가지 이상 갖게 한다.	
12		멀리 떨어진 가족이나 친척에게 안부를 전하게 한다. (ex. 할머니, 할아버지 등)	
13		사회규범이나 규칙을 스스로 지키도록 한다. (ex. 쓰레기 버리지 않기, 어른에게 인사하기 등)	
14	학습	하루 1시간 이상 독서 시간을 갖게 한다.	
15		한 달에 한 번 이상 봉사활동을 하게 한다.	
16		매일 공부하는 시간을 1~2시간 정도 계획하여 자율적으로 하게 한다.	
17		과제를 스스로 하게 한다.	
18		일주일에 한 번 이상 일기를 쓰게 한다.	
19		학습 플래너나 복습 노트를 쓰게 한다.	
20	관계	친구와의 관계를 스스로 선택하고 유지하도록 한다.	

PART

2

엄마의 똑똑한 개입은
아이를
성장하게 합니다

CHAPTER 3

엄마의 똑똑한 개입이
아이의 잠재력을 깨워요

애벌레는 고치를 만들어 나비가 되는 것이 진정으로 자신이 되는 길이고, 올챙이는 자라서 개구리가 되는 것이 본질이듯 아이도 자신만의 개성과 특성에 맞는 진정한 자아와 만나야 합니다. 여러분의 아이도 진정한 자신과 만날 수 있는 지점을 찾아주시길 바랍니다. 물고기가 물 만난 것처럼 자연스럽게 행복감을 느끼는 그 지점, 미친 듯이 몰입하게 되는 그 지점을 찾는 것이 길게 보면 공부보다도 더 중요하니까요.

자신의 진짜 모습과 마주하게 도와주세요

굵은 밧줄과 가는 밧줄, 날카로운 단도, 손바닥만 한 접이용 삽. 이 물건들은 초등학교 1학년 효준이가 야외로 나갈 때면 꼭 챙겨서 크로스 가방에 넣는 것들입니다. 단도는 효준이가 여섯 살 때 아빠가 사준 선물이에요. 이걸 본 사람들이 "어린애한테 너무 위험한 물건 아닌가요?"라고 물으면, 효준이 아빠는 "괜찮아요. 조심해서 사용하면 되지요."라고 답합니다. 실제로 효준이는 야외에서 이러한 물건들을 정말 요긴하게 사용합니다. 식물을 채집할 때는 접이용 삽을 쓰고, 단도로는 나무를 깎아서 젓가락을 만들어요.

효준이는 요즘 광물에 꽂혀 있습니다. 최근에는 코로나19로 학교에 못 가는 대신, 가족과 함께 자연 탐사를 다니며 더 열심히 광물을 수집하고 있습니다. 효준이 엄마, 아빠는 아이가 관심을 갖는 것이라면 적극적으로 지지하고 탐구할 기회를 자주 만들어주려고 합니다. 피아제의 인지발달이론에 의하면 초등학교 시기인 구체적 조작기(7~11세)에는 주입식 수업 대신 아이가 직접 사고하고 탐구하며 발견할 수 있는 환경을 조성해 주는 것이 무엇보다 중요하다고 합니다. 특히 이 시기에 부모가 적극적으로 상호작용을 해주면 진정한 자아를 탐색하고 긍정적인 자아개념을 형성하는 데 많은 도움을 줄 수 있습니다.

즐기는 아이는 강해요

최근 효준이 가족은 강원도 태백에 있는 계곡으로 캠핑을 다녀왔습니다. 그곳에서 부싯돌 두 개를 비벼 불을 붙이고 곤충채집도 했어요. 친구들은 학원 가느라 바쁜 시간에 효준이는 이렇게 자연과 함께 시간을 보냅니다. 자연에 있을 때 효준이는 세상 누구보다도 행복한 사람이 됩니다. 그렇게 노는 모습이 조금 위험해 보일지는 몰라도 효준이는 지켜야 할 규칙들을 이미 잘 숙지하고 있습니다. 자연 속에서 마음껏 시간을 보내되 스스로 몸을 안전하게 지켜야 한다는 것, 부모님의 시야에서 벗어나지 않을 것, 자연을 훼손하거나 더럽히지 않을 것 등 부모님과 함께 규칙과 규율을 정하고 반드시 지키려고 노력합니다. 그렇기에 부모님도 마음 놓고 효준이가 뛰어다닐 수 있도록 배려해 주는 것이고요. 한번은 효준이가 바위에 올라가다가 미끄러져 물에 빠졌는데, 효준이 엄마는 다치지 않았는지만 확인한 후 좀 더 안전하게 놀도록 주의를 주고, 다시 뛰어 놀 수 있도록 두었다고 해요. 보통의 엄마였다면 크게 놀라 아이를 다그치며 가만히 앉아 있으라고 잡아두었겠지만 효준이 엄마는 달랐습니다. 안전 규칙에 관해 상기시키고 놀이에서 위축되지 않도록 격려해 주었습니다.

효준이는 마음도 참 따뜻합니다. 아파트 유리창을 청소하는 날이었는데 "아저씨, 유리창을 청소해 주셔서 감사합니다. 조심하세요!"라고 쓴 메모지를 유리창에 붙이고 아끼는 사탕을 베란다 난간에 걸어두었답니다. 맨 처음 효준이가 자신의 계획을 이야기하자 엄마는 "우와, 효준이가 정말 기특한 생각을 했구나!" 칭찬하고 전폭적으로 지지해 주었습니다. 유리창 너머로 아저씨와 인사했다며 효준이는 신이 나서 학교에서 자랑했답니다. 청소하시던 아저씨도 이런 일은 처음인지 핸드폰 사진으로 아파트 유리에 붙은 편지를 찍으셨다고 해요.

효준이를 보면 온전히 자기가 지닌 빛을 뿜어낸다는 것이 무엇인지 알 것 같습니다. 아마 효준이는 여러 이타적 경험의 피드백을 통해 자신이 더 행복해지는 것을 느꼈을 거예요. 이런 효준이의 행동은 평소 엄마가 다른 사람을 배려하고 마음을 나누는 모습을 보고 배운 것일 테고요.

자기다울 때 가장 빛나는 아이들

트리나 폴리스(Trina Paulus)의 동화책 『꽃들에게 희망을』에는 단순히 먹고 자라는 것 이상의 가치를 추구하는 노랑애벌레와 무작정 다른 애벌레를 따라 기둥을 오르는 호랑애벌레가 나옵니다. 노랑애벌레는 단지 애벌레로 사는 것만이 다가 아니라는 것을 깨닫고 마침내 아름다운 나비로 다시 태어납니다. 반면 호랑애벌레는 기둥 끝에 다다랐으나 그곳에도 별다른 것이 없음을 깨닫고 망연자실했어요. 하지만 노랑나비의 도움으로 고치를 만들고 결국 나비가 되었지요. 이 두 애벌레가 나비가 되는 과정은 진정한 자아를 찾아가는 우리에게 용기와 희망을 줍니다.

학교 현장도 이와 다르지 않습니다. 아이들 역시 호랑애벌레처럼 뚜렷한 목적 없이 막연한 기대만 가지고 기둥을 오르고 있어요. 힘겹게 올라선 그곳에는 사실 별다른 것이 없을 수도 있는데 말입니다. 하지만 친구들과 치열하게 경쟁하며 입시라는 꼭대기를 향해 달려갑니다. 이 길의 끝에서 내가 무엇을 이루기 위해, 무엇을 얻기 위해 이토록 열심히 달려가는지 인지하는 아이는 극히 적습니다. 자신의 개성은 무시하고 사람들이 만들어놓은 기준에 휩쓸려 똑같은 학원을 다니고 유명 과외를 받으며 경쟁사회로 내몰리고 있습니다. 아이가 자신의 개성, 내가 좋아하는 것과 싫어하는 것, 나를 가장 행복하게 하는 것이 무엇인지, 나는 어느 때 가장 나다워질 수 있는지를 경험하고 깨달아야 할 시기를 허망하게 써버려야 하는 현실이 안타까울 뿐입니다.

애벌레는 고치를 만들어 나비가 되는 것이 진정으로 자신이 되는 길이고, 올챙이는 자라서 개구리가 되는 것이 본질이듯 아이도 자신만의 개성과 특성에 맞는 진정한 자아와 만나야 합니다. 여러분의 아이도 진정한 자신과 만날 수 있는 지점을 찾아주시길 바랍니다. 물고기가 물 만난 것처럼 자연스럽게 행복감을 느끼는 그 지점, 미친 듯이 몰입하게 되는 그 지점을 찾는 것이 길게 보면 공부보다도 더 중요하니까요.

긍정적 자아개념을 위한 엄마의 개입

'자아(Self)'란 자신의 능력과 가치에 대한 생각, 감정, 태도를 말합니다. '나는 참 멋진 사람이야, 나는 해낼 수 있는 충분한 능력이 있어'라며 스스로를 유능하고 가치 있는 사람으로 여기고 신뢰하는 긍정적인 자아개념을 갖는 일은 인생을 살아가면서 지녀야 할 가장 중요한 태도입니다. 자아개념은 자신 혹은 자신의 특성에 대한 평가를 말하는데, 이는 자신감이나 자아존중감으로 나타납니다.

미국의 사회심리학자 레온 페스팅거(Leon Festinger)의 「사회비교이론(Social comparison theory)」에 따르면 인간은 자신을 평가하기 위해 끊임없이 다른 사람과 비교하며, 자신이 속한 사회집단에서 자아개념을 형성하고 유지한다고 합니다. 다시 말해 물리적, 기능적 거리가 가까운 사람에 의해 큰 영향을 받는다는 것이지요. 그중에서도 가정은 아이가 가장 먼저 만나는 사회이고요. 특히 엄마는 아이가 속한 사회의 구성원 중 가장 중요한 사람입니다. 이는 아이가 진정한 자아를 찾고 긍정적인 자아개념을 형성하기 위해 무엇보다 엄마의 역할이 중요하다는 뜻이기도 합니다. 모든 것이 서툰 아이의 일상에 엄마의 현명한 개입은 반드시 필요합니다. 지금부터는 그 방법에 대해 설명해 드리려고 해요.

엄마가 아이의 긍정적 자아개념 형성을 돕기 위해 똑똑하게 개입하는 첫 번째 방법은 아이의 특성이나 잠재능력을 있는 그대로 받아들이고 존중하는 것입니다. "다른 아이들은 공부하는데 왜 너는 노는 것만 좋아하니?" 하고 비교하는 것이 아니라 "노는 방법이 참 창의적이구나."라고 칭찬해 주는 것이지요.

두 번째 방법은 부모와 상호작용을 할 수 있도록 많은 시간을 갖는 것입니다. 이 시간에는 부정적 평가보다는 긍정적 피드백을 줘야 합니다. 여행이나 캠핑장 등 아이의 호기심을 자극하는 곳으로 나가는 것도 좋지만 여건이 되지 않는다면 집에서 함께 창의적인 놀이를 만들어 냄으로써 얼마든지 아이들과 상호작용할 수 있습니다. 요즘은 집콕 시대인 만큼 거실에 작은 텐트를 치고 캠핑 장비로 색다른 분위기를 조성하는 경우도 많습니다.

세 번째 방법은 심리적인 결손이 생기지 않도록 하는 것입니다. 아이에게 부모는 하나의 우주입니다. 그만큼 중요하고 또 강력합니다. 엄마, 아빠가 싸워서 집안에 살벌한 분위기가 감돌면 아이는 누구보다도 빨리 그 분위기를 감지하고 불안해합니다. 어쩔 줄 모르는 상황에 빠지는 것이지요. 부모가 아이에게 정서적으로 안정된 환경을 제공하는 것은 긍정적인 자아개념이 굳건히 자리하는 데 큰 도움을 줍니다.

마지막으로 네 번째 방법은 아이의 학업에 결손이 생기지 않도록 지속적으로 관찰하고 격려하는 일입니다. 에드워드 키퍼(Edward Kifer)는 「학업 능력에 대한 자아개념과 학업 성취의 관계 연구」에서 자아개념과 학업 성취가 서로 밀접한 영향을 주고받는다는 사실을 밝혀냈습니다. 즉, 학업 성적이 우수한 아이들은 자아개념이 긍정적으로 형성되어 스스로를 바람직하고 가치 있는 사람으로 인식하며 유능하다고 여기고 있다는 것입니다. 반면 성적이 좋지 않은 아이들은 자신감이 부족하고 열등감에 사로잡혀 있다고 밝혔습니다. 특히 이런 현상은 학년이 올라갈수록 심화되는 것이 보편적이라고 합니다. 초등학교 저학년부터 학습결손이 생기지 않도록 공부 습관을 바로잡고 꾸준히 공부할 수 있도록 환경을 조성해 주는 것이 좋습니다.

가끔은 필요에 따라 학원이나 과외 선생님의 도움을 받아야 할 때도 있습니다. 이때 엄마는 항상 아이와 소통하면서 아이가 주도할 수 있도록 분위기를 만들어줘야 합니다. 아이는 자신에게 도움이 필요한 부분이 있다면 적극적으로 표현하고, 엄마는 아이를 잘 살피다가 도움을 줘야 할 때 빨리 개입해야 합니다.

아이가 진정한 자아를 찾고 긍정적인 자아개념을 형성하도록 엄마가 지속적으로 아이를 잘 관찰하는 것, 미처 발휘되지 못한 내면의 잠재력을 끌어낼 수 있도록 북돋아주는 것이 엄마가 할 수 있는 가장 똑똑한 개입입니다. 엄마가 만들어놓은 딱딱한 고정관념 속에 아이를 가두지 말고, 마음을 내려놓은 채 어떤 모양으로도 아직 완성되지 않은 아이의 가능성을 믿고 기다려주는 엄마의 마음가짐이야말로 지금 아이에게 가장 절실합니다.

건강한 성격 발달을 위한
정서적 환경을 제공해 주세요

학교에서 많은 아이들을 만나다 보면 간혹 '어쩌면 저렇게 반듯하게 자랐을까?' 싶은 생각이 드는 아이들이 있습니다. 공부도 잘하고 다재다능하며 성격도 밝고 인성까지 어느 것 하나 나무랄 데 없는 아이들이지요. 보기만 해도 흐뭇해지는 그런 아이들을 볼 때면 저 역시 아이를 키우는 부모 입장으로 돌아갑니다. '저 집 엄마는 아이를 어떻게 키웠을까?' 하고 그 집 부모가 아이를 키우고 교육하는 과정과 마음가짐이 문득 궁금해집니다.

엄마는 아이의 정서적 기둥

4학년 담임을 맡았을 때 경태라는 아이가 있었습니다. 경태는 반장이었는데 친구들에게 인기가 엄청 많았어요. 그런데 그의 인기에는 분명한 이유가 있었습니다. 1년 동안 경태를 지켜봐 왔는데 저는 단 한 번도 그 아이의 모난 모습을 본 적이 없어요. 성격도 온순하고 착할 뿐 아니라 공부도 잘했습니다. 어려운 친구들을 잘 돕고 책임감도 강해서 모든 아이들이 경태를 좋아했지요. 누가 봐도 경태는 리더로서 충분한 자질을 갖춘 아이였습니다.

그런 경태보다 더 특별했던 건 그의 엄마였어요. 그녀는 소풍을 가는 날이면 혹시 도시락을 못 싸온 친구가 있을까봐 여분의 도시락을 챙겨 보냈고, 모둠과제가 있으면 반 아이들에게 선뜻 집을 내주었습니다. 맛있는 간식도 듬뿍 제공해 주었고요. 쉬워 보여도 마음과 정성을 다하지 않으면 결코 쉽지 않은 일입니다.

이쯤 되니 그녀의 양육 방식도 궁금해졌습니다. 이야기를 들어보니 경태 엄마는 아이가 어릴 때부터 적극적으로 눈맞춤을 하고 아이의 말과 표정, 행동 하나도 놓치지 않고 반응해 주었다고 합니다. 사랑도 적극적으로 표현했고, 특히 휴일이면 가까운 교외로 나가 마음껏 자연을 누리도록 했대요. 자연 속에서 아이들은 탐구심을 발휘하고 창의력을 분출합니다. 경태는 야외에서 만지고 보고 냄새 맡는 등 온몸으로 에너지를 사용하며 놀았습니다. 이때 엄마는 경태에게 언제든 도움을 줄 수 있는 가까운 거리에 서서 온화한 표정과 말투로 아이의 행동을 적극적으로 칭찬하고 지지해 주었고요.

당시 경태는 주택에 살았는데 마당에는 계절마다 아름다운 꽃들이 피었습니다. 한번은 가정방문을 갔는데, 미국 드라마 〈초원의 집〉 배경이 떠오를 만큼 넓은 마당에서 식물들이 예쁘게 자라고 있었습니다. 특이한 건 집에서 토끼, 닭, 강아지와 같은 동물들도 많이 키웠다는 사실입니다. 경태는 영유아 시절 동식물과 교감하면서 정서적인 도움을 많이 받고 자랐습니다. 또 경태를 보면 어린아이답지 않은 심리적 안정감이 느껴졌는데, 경태 집에 다녀오고 나니 왜 그랬는지 이해가 되더군요. 우선 경태 엄마는 정서적으로 안정되어 있으며 아이들을 존중하는 태도가 몸에 배어 있습니다. 아이에게 충분한 자유를 제공하면서도 그 안에서 책임감과 배려심, 자제력, 창의력을 키울 수 있도록 분위기를 조성하는 것에 소홀하지 않았지요. 경태 엄마는 아이의 발달 단계에 맞게 잘 성장할 수 있도록 정서적 환경을 잘 갖춰주었던 것입니다.

심리사회적 발달 이론에 따른 성격 형성 시기

미국의 발달심리학자이자 정신분석학자인 에릭 에릭슨(Erik Erikson)은 「심리사회적 발달 이론(Psycho-social Development theory)」을 통해 자아의 중요성과 인간 발달의 사회적 측면을 강조한 바 있습니다. 각 발달 단계에는 결정적 시기가 있고 특정 시기에 해결해야만 하는 발달 과업이 있는데, 이를 잘 극복하면 성격이 건강하게 발달하지만 그렇지 않으면 퇴행을 경험하게 된다고 말이지요. 에릭슨의 발달 이론은 엄마가 아이에게 어떻게 개입하느냐에 따라 아이의 성격이 얼마나 달라질 수 있는지를 극명하게 보여주고 있습니다.

지금부터 소개할 아이가 태어나서 초등학생이 되는 시기까지의 심리사회적 발달 단계를 이해하고 나면 엄마로서 이 시기의 아이들에게 어떻게 도움을 줘야 할지 방향을 깨달을 수 있을 것입니다.

1단계(출생~생후 18개월)

1단계는 신뢰감 대 불신감의 단계입니다. 부모에게 지속적이고 일관성 있는 보살핌과 사랑을 받으면 신뢰감이 형성되고, 그렇지 못하면 불신감을 갖게 되는 시기입니다. 특히 이때 형성된 애착관계는 아이의 평생을 좌우할 만큼 강력한 힘을 발휘합니다. 영아의 신체적, 심리적 욕구를 충족시켜 주지 못하면 아이는 평생 동안 결핍을 채우려고 몸부림치게 될 수도 있습니다.

이 시기의 아이들에게는 적극적으로 반응하고 사랑을 많이 표현해 주는 것이 중요합니다. 종종 학교에서도 보면 유독 어른들을 믿지 못하고 삐딱하게 행동하는 아이들이 있습니다. 대부분 이 아이들의 영아 시절을 되짚어 보면 부모와의 애착 형성에 결핍이 있던 경우가 많았습니다. 지금이라도 늦지 않았습니다. 만약 여러분이 여러 피치 못할 상황으로 영아 시절 아이에게 사랑을 듬뿍 쏟지 못했다면 지금이라도 아이의 구멍 난 가슴을 사랑으로 채워주기 위해 끊임없이 노력해야만 합니다.

2단계(생후 18개월~3세)

2단계는 자율성 대 수치심(의심)의 단계입니다. 아이가 주변 환경을 자유롭게 탐색하고 스스로 먹고 걷고 배변활동 등을 하며 자율성을 키우는 단계이지요. 이때 엄마는 아이의 자발적 행동에 칭찬으로 답해야 합니다. 만약 지나치게 통제하거나 과잉보호로 인해 많은 부분을 대신해주게 되면 아이는 수치심을 느끼고, 자기 능력에 대해 의심을 품게 됩니다. 그러니 엄마는 이 시기의 아이가 조금 위태롭거나 걱정된다고 해서 스스로 해야 할 일을 못 하도록 차단하기보다는 씩씩하게 시도해볼 수 있도록 아낌없는 칭찬과 격려를 해주시길 바랍니다.

학교에서 아이들과 함께 생활하다 보면 주눅이 들어 있거나 자신감이 부족한 아이들을 많이 만납니다. 이런 아이들은 대부분 심리발달 기저에 놓인 자율성에 문제가 생긴 경우가 많습니다. 만약 내 아이가 이런 낌새를 보인다면 엄마들은 작은 일일지라도 아이가 자율적으로 성취할 수 있도록 도와주시길 바랍니다. 크든 작든 성공 경험은 하면 할수록 좋은 것이니까요.

3단계(3~6세)

3단계는 주도성 대 죄책감의 단계입니다. 자율성을 바탕으로 새로운 것을 시도하고, 적극적으로 수행하려는 욕구가 생기는 때입니다. 이때 아이가 탐구하고 실험할 수 있게 자기주도성을 허용해 주면 주도성이 발달하지만, 지나치게 아이를 통제하고 제한한다면 아이는 자신의 행동에 죄책감을 갖게 될 수 있습니다.

이 시기의 아이들은 집 안 곳곳의 서랍을 다 열고 물건들을 꺼내 놓거나 자꾸 무언가를 밟고 높은 곳으로 올라가려고 합니다. 썩 마음에 들지 않는 행동을 다양하게 찾아서 창의적으로 해냅니다. 이때 아이의 에너지를 지나치게 통제하거나 윽박지르는 것은 자제하는 것이 좋습니다. 훈육을 통해 아이가 위험해지지 않도록 주의를 주는 정도가 좋습니다. 집이 좀 지저분해지더라도 참고 아이가 마음껏 자율성을 발휘할 수 있도록 도와주세요. 집 안에 있는 사물에 호기심을 갖는 시기는 찰나에 불과합니다. 이 잠깐을 참지 못해 여러분의 아이가 주도성을 잃고 죄책감을 느끼게 되는 상황은 피하고 싶지 않으신가요?

지금이라도 늦지 않았으니 아이가 좋아하는 프로젝트를 선택해서 수행하도록 돕고, 그 과정을 SNS를 통해 친척이나 친구들에게 공유하는 것도 좋은 방법이니 활용해 보세요. 참고로 초등학교 4학년인 제 조카는 밀이나 보리 키우기, 콩나물 기르기, 애완동물을 키우는 모습을 SNS를 통해 친척들에게 공유하고 이들의 열렬한 칭찬과 지지를 받으며 주도성을 키워가고 있습니다.

4단계(6~12세)

4단계는 근면성 대 열등감의 단계입니다. 아이가 이룬 업적에 대해 인정 욕구가 큰 시기이지요. 가정이나 학교에서 아이가 달성한 성취에 대해 인정과 격려를 해주면 근면성이 활발하게 발달하게 됩니다. 하지만 실패가 반복되거나 노력을 인정해 주지 않고 빈정거리거나 비웃으면 아이는 열등감을 갖게 될 가능성이 높습니다.

이 시기는 자아개념 형성에 매우 결정적인 시기인데, 한번 열등감이 생기면 평생 이를 해소하지 못하고 방황할 수 있습니다. 학교에서도 사소한 것에 짜증을 내며 친구들을 공격하는 아이들이 있는데, 이들을 지켜보면 안타깝게도 대부분 열등감으로 가득 차 있습니다. 아이에게 열등감이 자리하고 있다면 엄마는 아이의 단점보다는 장점을 강조해 칭찬하고, 아이의 능력보다는 노력한 과정에 집중하여 칭찬해 주세요. 점차 열등감이 사라지는 것을 확인할 수 있게 될 겁니다.

앞서 경태 엄마와는 지금까지도 연락을 주고받고 있습니다. 얼마 전엔 경태 동생이 신문에 났다며 연락을 주시더군요. 경태와 두 살 터울인 동생 재현이는 지금 '직계가족 복무제도'를 활용하여 경태가 복무했던 최전방 육군사단에서 성실히 국방의 임무를 수행하고 있다고 합니다. 재현이는 비무장지대(DMZ)에서 복무하는 것이 두려웠지만 평소 믿고 따르던 형의 복무 경험담을 듣고 의미있는 군 생활을 하고자 과감히 선택했다고 해요. 특히 재현이는 군 생활을 통해 익힌 자신의 임무 노하우를 적은 노트를 따로 제작해 후임들에게 전수했다고 합니다. 한편 경태는 복학해서 건축을 공부하고 있습니다. 다른 사람을 위하는 일을 할 때 많은 보람을 느낀다는 경태와 재현이를 보면, 어린 시절 엄마의 똑똑한 개입이 아이의 성격 발달에 매우 중요한 영향을 끼친다는 것을 다시 한번 깨닫게 됩니다.

엄마가 시기별 아이의 발달 단계를 잘 숙지하고 필요에 따라 똑똑하게 개입한다면 여러분의 아이도 건강하고 성숙한 마음과 태도를 지닌 사람으로 성장할 수 있게 될 것입니다.

아이의 강점을 발견하고
100% 살려주세요

오랫동안 학교에서 아이들을 가르치다 보면 저마다 다른 재능과 강점을 타고난다는 것을 깨달을 수 있습니다. 어떤 아이는 어릴 때부터 기계 다루는 것을 좋아하고, 또 어떤 아이는 요리하는 것에 탁월한 재능을 보이며, 운동에 천부적인 능력을 갖고 있는 아이도 있습니다. 제가 교직 생활에서 가장 흥미롭게 느낀 부분과 보람을 느낀 일 중의 하나가 아이가 가진 재능을 알아채고 지지하여 꽃을 피울 수 있게 도와준 것입니다.

6학년 담임할 때 만난 수연이는 시를 잘 써서 문예대회에서 입상을 했고, 효원이는 수학경시대회에서 1등을, 예령이는 에어로빅으로 상을 받기도 했어요. 평소 얌전하던 승현이는 영어 연극대회에서 상을 받아서 친구들을 놀라게 만들기도 했고요.

가정에서도 내 아이의 모습에 관심을 갖고 관찰한다면 아이의 강점을 찾아낼 수 있습니다. 먼저 아이가 호기심을 가지는 것이 무엇인지 찾아보세요. 아이가 관심을 보이는 영역에 강점이 숨어 있을 수 있습니다.

아이의 호기심을 자극하는 일

"할머니, 여기 멧돼지 목욕탕이 있어요. 빨리 와보세요!" 장화 속에 목이 긴 양말을 바지 위로 바짝 당겨서 신고 죽도를 지팡이 삼아 숲을 걷던 서준이가 소리쳤습니다. 초등학교 1학년 서준이는 산행에 필요한 로프부터 단도, 야전 삽 등을 옹골차게 넣은 배낭을 둘러메고 발이 푹푹 빠지는 대나무 숲을 걷고 있었어요. 덩치가 작은 아이라 그렇지 행색은 심마니가 따로 없었습니다.

멧돼지는 산속에 진흙 웅덩이가 있으면 몸에 붙은 진드기를 떼어내기 위해 그곳에서 뒹구는 습성이 있습니다. 그러고는 나무에 몸을 비벼 진흙을 떼어내지요. 멧돼지 목욕탕을 살펴보니 정말 멧돼지가 있었던 것처럼 흙덩이가 날이 서 있었고, 몇 가닥의 털이 보였습니다. 웅덩이를 작대기로 휘적거리며 관찰하던 서준이는 "할머니, 멧돼지가 비

비고 간 자리에 벌레들이 있어요. 진드기인가 봐요."라고 말합니다.

진지한 서준이의 표정에 할머니는 터져나오는 웃음을 꾹 참아야만 했지요. "할머니, 여기 멧돼지 발자국 좀 보세요. 정말 큰 놈이 왔다 간 것 같아요." 서준이는 주변을 살피며 정말 멧돼지가 나타나면 어쩌나 걱정하면서도 마치 탐험가가 된 듯 신이 난 모양이었습니다. 그러고도 한참을 대나무 숲에서 탐험을 이어갔어요.

서준이를 보면 마치 정글에서 살고 있는 원시인처럼 힘이 넘치고 생기가 넘칩니다. 서준 엄마는 서준이의 특성을 누구보다도 잘 파악하고 있습니다. 아이도 알지 못하는 무의식적 욕구마저도 잘 읽어내지요. 그래서 주말이면 서준이가 마음껏 활개 칠 기회를 제공해 줍니다. 시골 할머니댁에 내려가 자연에서 뛰놀게 하거나 캠핑을 가거나 가끔은 밤새 산속에 박혀 함께 별자리를 공부하기도 합니다.

이번에도 서준이는 할머니께 전화를 걸어서 '오지 탐험'을 하고 싶다고 했답니다. 그래서 주말에 가족 모두가 할머니가 계신 시골 마을로 오게 된 것이었어요. 할머니댁은 해발 800m 산 중턱에 위치하는데, 바로 옆 대나무 숲은 서준이가 탐험하기에 안성맞춤이었습니다. 어른들의 눈에는 "이게 무슨 오지야?"라고 하겠지만 호기심과 상상력이 풍부한 서준이에게는 멋진 탐험의 장소가 되었지요. 서준이 할머니는 평소에도 "어른들이 조금만 신경 써서 보면 우리가 사는 곳의 옆길에는 아이들의 호기심을 자극하고 창의력을 길러줄 곳이 얼마든지 있습니다."라고 말씀하십니다.

아이가 강점을 발견하는 일

하버드대학 심리학과 교수 하워드 가드너(Howard Gardner)의 「다중지능이론(Multiple Intelligence theory)」에 의하면 지능은 언어지능, 논리수학지능 등 별개의 9개 상호 독립적인 지능들로 구성되어 있으며, 각 지능 요인들의 결합 형태에 따라 독특한 지능이 형성된다고 합니다. 서준이는 호기심과 상상력이 뛰어나고, 자연을 관찰하거나 자연 속에서 노는 것을 특히 좋아하는 성향을 가졌습니다. 이를 '다중지능이론'으로 풀어본다면 자연관찰지능이 무척 뛰어난 아이라고 할 수 있습니다.

아이의 지능과 정서 발달에 긍정적 영향을 주는 환경적 자극 또는 경험을 '결정화 경험'이라고 하는데, 서준이 엄마는 아이가 어렸을 때부터 특성을 파악하고 강점을 살려주기 위해 다양한 경험을 제공했습니다. 서준이는 기억에 남거나 즐거웠던 경험을 모아 이후에 동화나 미술작품으로 만드는 활동을 즐깁니다. 최근에는 '멧돼지 목욕탕'으로 재미있는 이야기를 만들고, 스티로폼 위에 찰흙으로 만든 멧돼지 목욕탕을 올려 연극 무대를 만들었어요.

자신의 강점을 잘 활용해서 다른 영역으로 전이시키면 아이는 한 단계 진화된 유능감과 자신감을 갖게 됩니다. 이렇게 서준이처럼 자신의 강점을 키워온 아이들은 학교와 사회에서도 높은 수준의 자신감을 지닙니다. 또래 집단에서도 자연스럽게 리더 역할을 맡고요. 어떤 분야에 능력이 뛰어난 아이 곁에는 많은 친구들이 몰려듭니다. 강점을 활용해 친구들에게 즐거움과 도움을 주면서 리더십을 키운 아이는 공부 또한 잘합니다. 그동안 쌓아온 성공 경험이 내적동기를 불러일으키기 때문이에요.

공부를 할 때는 아이의 강점을 약점 영역에 활용하도록 이끌면 더 효과적입니다. 예를 들어 언어지능이 우수하나 유독 수학에 약한 아이가 있다고 칩시다. 이 아이가 수학을 잘 이해할 수 있게 도와주려면 배운 것을 말로 표현할 수 있도록 이끌어주면 됩니다. '선생님 놀이'라고 하면 단번에 이해하실 거예요. 아이가 선생님이 되어 방금 배운 내용을 엄마에게 설명하도록 지도하면 수학을 익히는 것이 조금은 쉬워집니다. 또 음악지능이 높은 아이에게는 주변 인맥을 동원해 작은 콘서트를 열어주거나 다양한 공연을 보여주세요. 자신이 지닌 음악적 감성을 100% 동원하여 능력을 향상 시킬 수 있습니다.

중요한 것은 엄마들이 아이의 행복한 삶을 위해 개인차를 수용하는 마음 자세를 갖춰야 한다는 것입니다. 또 내 아이의 강점을 극대화할 수 있는 다양한 경험을 제공하기 위해 늘 열린 마음으로 주변의 이슈들을 살펴보는 부지런함을 갖추면 더할 나위 없겠지요.

스스로 결정하고
가치를 찾게 해주세요

"빨리 일어나! 원격학습 출석 체크 시간 다 되어 간다." 초등학교 6학년 지성이는 출근하는 엄마의 다급한 목소리에도 침대에서 일어나지 못하고 다시 잠이 들었습니다. 요즘 코로나19로 원격수업을 시작했는데, 지난 밤 늦게까지 게임을 하더니 오전 내내 잠에 취해서 일어나지 못하는 것이었지요. 결국 지성 엄마는 담임 선생님의 전화를 받고 말았습니다. 정해진 시간에 출석 체크를 하지 못하면 오후 2시까지 학교에 가서 보충수업을 들어야만 했거든요.

현실에서 도망가고 싶은 아이들

자영업을 하는 지성 엄마는 아이를 학교까지 태워주기 위해 아파트 주차장에서 지성이를 기다렸습니다. 오후 1시 55분이 다 되어가는데 지성이는 아직도 내려오지 않습니다. 허겁지겁 내려 온 아이는 엄마의 눈치를 보며 "지갑을 찾느라 늦었다."라고 말합니다. 화를 억누르며 출발하려는 순간, 지성이는 "엄마, 교과서를 안 가지고 왔어요!"라고 말하며 집으로 달려갑니다. 그런 아이의 뒷모습을 보니 울화통이 터집니다. '재를 어쩌면 좋을까?' 지성이는 요즘 부쩍 공부하기를 싫어하고 다니던 학원도 그만두고 싶어 합니다. 엄마는 "코로나19로 가뜩이나 공부가 뒤처졌는데 학원까지 끊으면 이제 더 내려갈 성적도 없다."라며 걱정합니다.

아이들은 환경에 적응하는 것에 어려움을 느끼거나 힘든 상황에 놓이면 종종 불안과 긴장을 해소하고 즐거움을 찾기 위해 비현실적인 세계로 도피하곤 합니다. 현실적으로 만족시킬 수 없는 욕구나 소망을 상상의 세계에서라도 해소하려는 일종의 도피기제로, 흔히 '백일몽(白日夢)'이라고도 말합니다. 최근 저는 코로나19로 원격수업이 늘어나면서 게임과 잠으로 도피하는 아이들 때문에 고민인 엄마들의 이야기를 자주 듣습니다. 제게 조언을 구하는 엄마들에게 "그럴수록 절대 아이에게 부정적인 피드백을 해선 안 됩니다."라고 말씀드리지요. "넌 왜 그 모양이니?", "그것밖에 못하니?", "커서 뭐가 되려고 하니?" 등 부정적인 피드백을 주면 아이 행동을 개선하는 데 전혀 도움은 되지 않고, 엄마와 아이의 관계만 악화됩니다. 대신 아이가 자신의 행동을 먼저 결정하고 그 안에서 가치를 찾을 수 있도록 엄마가 도움을 주는 것이 현명한 개입 방법입니다.

무기력하고 잘 적응하지 못하는 아이들을 위한 해답

미국 로체스터대학교의 에드워드 데시(Edward L. Deci)와 리처드 라이언(Richard M. Ryan)이 제시한 「자기결정성이론(Self-determination Theory)」에 따르면 사람은 자신의 행동을 자율적으로 결정할 때 더 큰 힘을 발휘한다고 합니다. 이를테면 학생들은 공부를 할 때 외적인 동기보다 자율적으로 결정하고, 스스로 목표를 세운 뒤 이를 실행함으로써 가치를 느끼고 싶어 한다는 것과 같은 말입니다. 이 과정에서 아이는 유능감을 느끼며 다른 사람과 긍정적이고 안정적인 관계를 형성해 나가고자 합니다.

아이가 의욕이 없거나 무기력해 보일 때, 주어진 환경에 적응을 잘하지 못하거나 도피하려고 할 때는 다음과 같이 자기결정성을 높이는 방법을 사용하면 도움이 될 것입니다.

첫째, 어떤 상황이 닥쳐도 엄마는 아이를 믿고 자율적인 학습 환경을 제공해 주세요. 아이의 행동이 마음에 들지 않아 화가 나더라도 감정을 앞세우지 말고 간섭하지 않으셔야 합니다. 원하는 것을 지시하거나 통제하려고도 하지 마세요. 자율적인 학습 상황이 되어야 아이는 흥미와 호기심을 갖고 비로소 유능감을 발휘할 수 있습니다.

더불어 아이에게 품은 분노와 불안과 같은 부정적인 감정을 긍정적이고 밝은 에너지로 전환하려는 노력이 필요합니다. 게임을 지나치게 많이 하는 아이에게 "그만하라고 했어? 안 했어?"라고 강압적으로 이야기하기보다는 부드러운 표정으로 "게임을 하더라도 밥은 먹고 해야지. 엄마가 맛있는 반찬 많이 해놨으니 식기 전에 와서 함께 먹으면 안 될까?"라고 분위기를 전환해 보는 겁니다. 밥을 먹으면서도 잔소리를 하기보다는 "오늘은 누구랑 게임했니?"라고 아이의 생활을 공감하고 이해하는 방향으로 대화를 이끌면 좋습니다. 반드시 버릇을 고쳐주고 싶다면 "네가 너무 늦게까지 게임하니까 걱정이 많이 되는데, 어떻게 하면 좋을까?" 하고 아이가 다음 행동을 직접 고민해 결정할 수 있도록 바통을 넘겨주세요. 이렇게 하면 아이는 스스로 자신의 행동에 대해 인지할 수 있는 기회를 갖고, 게임을 줄일 수 있는 방법에 대해 스스로 고민하게 됩니다. 엄마도 아이가 좋아하는 게임에 관심을 갖고 함께 해보는 것도 좋습니다. "게임을 해보니 참 재미있네. 가끔 엄마랑 함께 해보자." 하고 아이의 흥미를 공감하고 이해하는 자세가 필요합니다.

둘째, 성공적인 수행 경험을 하도록 도와주세요. 성공해 본 아이는 유능감이 향상되어 더 열심히 노력하고자 합니다. 아이에게 도전적인 과제를 선택하고 해결하는 경험을 통해 자기 능력을 직접 확인할 수 있도록 기회를 만들어주세요. 이 경험은 아이로 하여금 상당한 기쁨을 만끽하게 합니다. 이때 엄마는 아이에게 구체적이고 긍정적인 피드백을 주되, 실패하더라도 능력에 원인을 두지 말고 노력 부족에 원인을 두며 다음을 기약할 수 있도록 이끌어주셔야 합니다.

셋째, 주변 사람들과 친밀한 관계를 유지하도록 해주세요. 특히 부모님과의 친밀하고 긍정적인 관계는 아이에게 과제 수행의 동기를 불어넣어 줍니다. 다시 말해 관계성 욕구가 충족되어 동기가 유발된다는 뜻입니다. 친하게 지내거나 좋아하는 선생님이 가르치는 과목은 더 열심히 공부하는 것과 비슷한 원리이지요.

긍정적인 관계를 통해 아이는 부모나 선생님이 기대하는 바를 자발적으로 수행하고자 합니다. 특히 또래 집단에서 긍정적인 피드백과 칭찬을 받으면 더욱 열심히 노력하게 됩니다. 또래와의 협력적인 관계를 통해서도 긍정적인 상호작용을 할 수 있도록 지속적으로 코치해 주세요. 친밀한 관계 형성은 사람들과 자신이 연결되어 있음을 느끼게 되어 심리적 안정감을 가질 수 있게 하고, 그 속에서 자신의 행동에 대한 가치를 느낄 수 있도록 만듭니다.

자신이 해야 할 일을 하지 않고, 오랜 시간 게임에만 몰두하거나 노는 데만 집중하는 아이들 때문에 많은 엄마들의 속이 타들어갑니다. 그럴수록 우리는 아이들이 자신의 행동에 대해 스스로 결정하고, 그 안에서 존재의 가치를 깨달을 수 있도록 도와야 합니다. 아이가 장래 희망을 선택할 때 "의사가 되면 어때?"라고 말하는 것과 "할머니처럼 암에 걸린 사람을 고쳐주기 위해 의사가 되면 어떨까?" 또는 "희귀병에 걸려서 고통을 겪고 있는 사람에게 신기술을 개발해서 도움을 주는 의사가 되는 것은 어떨까?"라고 말하는 것은 동기부여 측면에서 완전히 다릅니다. 가치는 행동의 연료이고 에너지입니다. 이것이 아이의 내면에 숨어 있는 열정의 불씨를 끄집어내서 불태울 수 있도록 가치를 찾아주는 일이 시급한 이유입니다.

엄마의 촉진으로
아이의 창의성을 깨워주세요

타고난 창의력으로 자신의 강점을 마음껏 발휘하는 아이도 있지만 자기가 갖고 있는 창의성을 영영 끄집어 내지 못하는 아이들도 많습니다. 부모의 지시적이고 억압적인 훈육 방식 때문일 수도 있고 부정적인 환경 속에서 위축되거나 소극적인 상태로 자랐기 때문일 수도 있습니다. 고정관념이 강한 부모 밑에서 자라 고착된 인식의 틀을 가졌다면 과연 창의력을 발휘할 수 있을까요? 창의력은 우선적으로 자유롭고 자율적인 환경에서 발현되고 발휘됩니다. 그리고 누군가 자극하고 촉진한다면 상황은 달라지겠지요.

창의성을 키우는 놀이

상인(지한): 이 검으로 말할 것 같으면 이집트 왕 파라오가 쓰던 검이오. 내가 피라미드 속에서 꺼내 왔지. (마치 고대 이집트의 어른처럼 목소리를 깔고 천천히 위엄 있게 말한다.)

손님(엄마): 우와 대단한 분이시군요. 그럼 이 검은 얼마인가요?

상인(지한): 1만 파운드(약 60만 원)요.

손님(엄마): 이 검은 어떤 마력이 있나요?

상인(지한): 이 검이 닿은 모든 것은 목소리를 내게 되어 있어. 생명이 없는 것들도 다 이야기를 한단 말이오.

손님(엄마): 우와 그거 진짜 재미있겠는데요. 저는 이 검을 사서 우리 고양이에게 말을 시켜보고 싶어요.

진짜 파라오가 된 것처럼 머리에 갈색 천을 두르고 열심히 모형 검을 팔고 있는 지한이는 초등학교 1학년입니다. 테이블 위엔 이집트 시대를 생생하게 표현하려는 것처럼 검정색 석상이 놓여 있습니다. 코로나19로 학교에 못 가게 된 지한이는 엄마와 시간이 날 때마다 프로젝트 수업을 진행합니다. 이번에는 「위대한 파라오 람세스 2세」라는 만화책과 「무기대백과사전」을 읽고 자신이 상상한 검의 모양을 여러 가지로 스케치해 모형 검을 만들었습니다. 지한이가 상상해서 만든 검은 손잡이가 길거나 끈이 달린 것도 있고, 가죽으로 묶여 있는 것도 있습니다. 칼의 모양도 뾰족하거나 긴 것, 반달 모양 등 다양합니다. 그리고 검마다 한 가지씩 마법 기능을 넣어서 닿으면 말을 할 수 있는 것도 있고, 금화가 나오는 것도 있습니다. 지한이는 자신이 만든 검으로 동화책도 썼답니다. 그리고 지금은 퇴근한 아빠와 함께 온 가족이 모여 지한이가 쓴 동화로 연극놀이를 하는 중입니다. 쑥스러워할 법도 한데 지한이네 엄마 아빠는 마치 진짜 연극배우가 된 것처럼 적극적으로 놀이에 참여합니다.

주변 사람의 촉진으로 깨어나는 창의력

지한이는 호기심도 많고 창의력이 뛰어난 친구입니다. 기질적인 것도 있지만 특히 엄마의 영향을 많이 받았다고 해요. 지한 엄마는 호기심이 많고 주변에 있는 것은 뭐 하나 허투루 보는 법이 없습니다. 아이디어가 떠오르면 뚝딱 지한이의 놀잇감을 만들어냅니다. 시골에 계신 외할머니댁에 갈 때면 지한이는 엄마와 들판에서 바람과 하나가 되어 춤을 추곤 합니다. 그런 지한 엄마 또한 지한이 외할머니 영향을 많이 받았습니다.

지한이 외할머니는 오랫동안 교사로 아이들을 가르치다 퇴직하셨는데, 생활 속에서 창의적인 놀이를 개발하시는 분입니다. 남들이 미처 생각하지 못하는 아이디어를 떠올려 놀이에 활용하고 재미를 이끌어내는데 탁월한 재주를 갖고 계시지요. 모내기를 위해 물을 담아 놓은 논을 '무논'이라고 하는데, 해마다 5월이면 지인들을 무논으로 초대해 논두렁에서 짜장면을 시켜 먹습니다. 밤이 되면 무논에 비친 달과 가로등 불빛이 장관을 이루기 때문이지요. 또 한여름에는 가족들과 함께 정원에 둘러앉아 맛있는 음식을 먹으며, 미리 베어놓은 풀과 나무들로 모깃불도 피우고 하늘의 별도 감상합니다. 바닷가로 가족여행을 가면 미역줄기를 이용해서 긴 머리카락을 연출하는 등 아이들 눈높이에 맞춰 잘 놀아주시지요. 가끔은 집으로 성악가를 초대해 하우스 음악회도 개최할 정도로 적극적인 면모를 갖고 계십니다.

지한이를 보면 창의력은 가족을 비롯하여 주변 사람들의 촉진으로 확장되는 것임을 깨닫게 됩니다. 구소련의 인지심리학자인 비고츠키(L.S. Vygotsky)는 아이가 더 많은 경험과 지식을 가진 사람과 상호작용을 함으로써 교육적 혜택을 얻었을 때 근접발달영역 안에서 경험이 이루어진다고 말한 바 있습니다. '근접발달영역(ZPD: Zone of Proximal Development)'은 아이가 혼자서는 해결하기 어려운 것도 어른이나 뛰어난 동료와 함께 학습하면 성공할 수 있는 영역이고, 이는 아이의 현재 상태뿐만 아니라 잠재력도 깨웁니다.

아이의 내면에 숨겨진 타고난 창의성을 엄마의 촉진으로 깨우려면 작은 것에도 관심을 갖고 새롭게 바라보려는 창의적인 습관과 태도가 필요합니다. 예를 들어 아이가 개미를 발견했다고 한다면 아래와 같이 질문으로 창의적인 생각을 유도해 볼 수 있습니다.

"와, 개미가 많구나! 개미 다리는 몇 개일까?"

"이 개미는 무슨 개미지? 개미 종류는 어떤 것이 있을까?"

"개미들의 세상은 어떤 세상일까?"

"개미들이 이야기를 한다면 지금 무슨 말을 할까?"

아이가 개미를 관찰하고 있는 동안 핵심 질문을 통해 창의력을 촉진하면 아이의 스키마(배경지식)가 활성화되어 창의성이 향상됩니다. 엄마가 아이의 놀이에 개입하면서 이래라 저래라 지시하는 것이 아니라 사고의 폭을 넓히도록 자극만 해주는 것입니다. 스스로 놀이 활동을 통해 유능감을 발휘하도록 두는 것도 중요하지만 때로는 아이의 사고를 적극적으로 촉진시키는 것도 필요합니다.

세상을 창의적으로 보는 눈

과거 현장에서 아이들을 가르칠 때 '자기만의 눈으로 사물을 새롭게 바라볼 수 있는 기회'를 되도록 많이 주려고 했습니다. 보이는 그대로 말고 삐딱하게도 보고 거꾸로 뒤집어도 보고 저마다 자신만의 방식으로 사물을 보게끔 지도했지요. 자신의 마음을 들여다보고, 그 마음 상태로 사물을 보는 연습도 시켰어요. 내 마음이 슬프면 슬픈 안경을, 외로우면 외로움의 안경을 쓰고 사물을 바라보는 것이었습니다. 자신의 안경이 분홍색이면 세상이 분홍색으로 보이고, 초록색이면 세상이 온통 초록으로 보이듯 사물을 보는 창이 어떤가에 따라 세상은 달라 보이는 법입니다.

한번은 수업 시간에 식물이나 동물에게 말을 걸어 보라고 지도한 적이 있었습니다. 당시 할머니와 단둘이 살고 있던 4학년 하진이는 학습부진아였는데, 저와 사물을 새롭게 보는 연습을 자주 해서 그런지 꼬마 시인이 다 되어 있었습니다.

다음의 시는 하진이가 쓴 동시입니다.

물고기

물고기야, 물고기야. 너는 참 외롭겠다.

친구가 없잖아.

내가 너의 친구를 만들어주고 싶단다.

물고기야, 물고기야. 너는 참 답답하겠다.

어항 속에 갇혀 있잖아.

나는 화가 나거나 슬플 때 너랑 이야기를 하면 기분이 좋아져.

물고기야, 물고기야. 어느새 넌 내 단짝 친구가 되었네.

표현이 자유롭도록 분위기를 조성하여 아이 내면에 숨어 있는 창의력을 마음껏 표현할 수 있도록 이끌어 주세요. 생활 속에서 다양한 자극과 촉진으로 창의성을 수시로 깨워주고, 지금 너머의 영역으로 뛰어

넘을 수 있도록 발판을 만들어주면 아이는 우리가 상상할 수 없을 정도로 크고 넓은 잠재력을 발휘하게 될 것입니다. 그러기 위해 엄마가 먼저 기존의 틀을 깨고 다르게 생각하는 연습을 시도해 보시길 바랍니다. 또 아이와 함께 창의적으로 노는 기회 역시 많이 만들어보는 것이 좋겠지요?

아이의 삶에
예술을 담아주세요

한번은 지인의 댁에 초대를 받아 갔는데, 그날의 문화 충격을 아직도 잊을 수가 없습니다. 마당이 예쁜 전원주택의 거실 중간엔 커다란 테이블이 있고, 오래된 전축이 벽면에 자리 잡고 있었어요. 저녁 식사후 테이블에 앉아 차를 마시고 있었는데, 성악가 한 분이 오셨지요. 마당에는 깜깜한 어둠이 내려앉고 가끔씩 바람에 나뭇잎이 흔들리던 그날, 저는 난생 처음 하우스콘서트를 경험했습니다. 먼저 신청곡을 받는다고 했을 때 초등학교 2학년인 지인의 딸 서연이가 오페라 '피가로의 결혼식'을 청했어요. 서연이는 성악가 바로 앞에서 턱을 괴고 음악을 들었습니다. 눈앞에 펼쳐지는 감동적인 목소리와 함께 음악을 감상하는 서연이의 눈빛을 보며 저도 함께 행복감에 빠졌습니다.

서연이는 그날 있었던 일을 그림일기로 표현했어요. 단순하고 소박한 선과 색으로 표현되었지만 그림 속엔 그날의 감흥이 고스란히 담겨 있었습니다. 서연이는 평소 피아노와 바이올린을 배우는데, 클래식 음악회에 가는 것을 무척 좋아한다고 합니다. 평소 아이가 예술을 어떻게 접하느냐에 따라서 아이의 삶이 달라집니다. 서연 엄마는 미술을 전공한 전업주부인데 쉬는 날이면 아이와 함께 미술관이나 박물관에 갑니다. 그곳에서 서연이는 그림이나 유물 보는 것을 즐기지요. 해설사가 설명을 할 때 얼마나 집중을 잘하는지 신기할 정도랍니다.

저는 서연이와 이야기하던 중에 좋아하는 화가가 '바스키아'라고 해서 깜짝 놀랐습니다. 저보다 더 미술에 대한 소양이 깊고 풍부했기 때문이에요. 앤디 워홀과 예술적 교감을 나누었던 장 미쉘 바스키아는 미국의 천재적인 화가입니다. 그의 작품은 다양한 모티브의 드로잉과 무질서한 단어들을 조합해서 긴장감을 증폭시키며, 상상력을 자극하는 구성으로 미술계에 신선한 충격을 준 바 있지요. 1980년 작품 활동을 시작해 1988년 약물 과다로 생을 마감할 때까지 약 3000여 점의 작품을 완성했습니다. 바스키아의 그림을 보고 있으면 강력한 메시지가 느껴집니다. 서연이는 2학년이지만 평소 이런 예술을 감상하고 즐기고 있다는 것이 그저 놀랍기만 합니다.

예술과 소통하는 아이

학교에서도 서연이처럼 예술을 삶 속으로 가져와 즐길 줄 아는 아이들을 가끔 만나곤 합니다. 예술은 우리의 정서를 안정시키고 창의력을 신장시키며, 상처를 극복할 수 있는 힘을 줍니다. 예술은 한마디로 삶의 활력이자 풍요로움을 가져다주는 매개체입니다.

제가 대학원에 다닐 때 은사님께서 연극연출가 겸 희곡 작가였기 때문에 자연스럽게 연극을 자주 보러 갔습니다. 그때 딸들이 유치원생, 초등학생이었는데 아이를 맡길 곳이 마땅치 않아서 함께 데리고 다녔어요. 몇 번 연극을 경험하더니 딸들은 대본을 쓰고 세트를 만들어 연극 놀이를 하기 시작하더군요.

인간이 살아가는 데 예술은 꼭 필요한 영역입니다. 예술의 의미는 세상을 이해하고 공유하며 소통하는 데 있습니다. 우리는 예술을 통해 감정을 느끼고 세상과 연결되어 있음을 느끼곤 합니다. 또 예술은 스트레스나 압박감을 낮추고 행복감을 안겨줍니다. 저는 학교에서 아이들이 예술을 통해 놀랍게 변화하는 모습을 지켜본 적이 있습니다. 발달이 늦거나 감정 조율이 되지 않던 아이들도 오케스트라와 합창부 활동을 통해 정서가 안정되고 자신감이 생기는 걸 지켜봤습니다. 내성적이고 소극적인 아이들도 예술회관처럼 큰 무대에 여러 번 서고 나면 적극적이고 긍정적으로 바뀝니다.

그리고 이런 경험은 예술 이외의 다른 영역에도 전이되어 자존감이 높아지는 것도 보았습니다. 또 생활에서 음악을 즐길 줄 아는 아이로 변하는 것도 목격했지요.

예술이 주는 행복

미래 사회는 지식을 달달 외워서 정답을 맞히는 능력이 아니라 지식을 융합해서 문제를 해결하고 새로운 지식을 창조하는 역량을 더 필요로 합니다. 또 자신만의 개성을 살려서 아이디어를 창출하는 능력이 무엇보다도 중요해졌습니다. 예술은 창의적인 사고 능력을 기르고 새로운 것을 창조할 수 있는 에너지원이 될 수 있습니다. 그렇기 때문에 더더욱 아이들이 예술을 삶 속에서 즐기고 향유할 수 있기를 바라는 마음입니다. 그렇다면 어떻게 해야 아이의 삶에 예술을 담아줄 수 있을까요?

아이들은 가르쳐주지 않아도 예술 작품을 보고 자신의 감정을 표현하고 감상하는 능력을 갖고 있습니다. 종이와 펜, 장난감을 보는 순간 무엇을 그리고 어떻게 색칠해야 할지, 어떻게 가지고 놀아야 할지를 본능적으로 알아차립니다. 그런데 어른들은 이런 아이의 예술적 소질과 감상 능력을 평가하고 비판함으로써 아이들의 예술적 의욕이나 능력을 꺾어버리곤 합니다. "잘한다, 못한다." 점수화를 시키고 등급을 매깁니다. 아이들의 예술적 표현이나 감상 능력에 대해 판단이나 비판을 내려놓고, 마음껏 표현하고 즐길 수 있는 자유로운 분위기를 만들어주세요. 그리고 그것을 표현할 수 있는 장을 열어주면 더 좋겠지요. 판단과 평가 없이 아이들이 어릴 때부터 마음껏 그림을 그릴 수 있는 장소를 제공하거나 자유롭게 춤추고 노래할 수 있도록 말입니다. 자연 속에서 뒹굴며 아름다움을 한껏 느끼게 해주는 것도 좋습니다. 주변이 좀 어질러지면, 옷이 좀 더러워지면 어때요? 아이들 크는 건 잠깐입니다. 어린 시절에 품는 엉뚱한 상상력이나 기발한 호기심을 꺾지 말고 자유롭게 표현하고 즐길 수 있도록 열린 마음으로 아이를 대해주세요. 사람은 모두 감정이 있습니다. 감정이 있는 한 예술은 우리 모두에게 존재합니다. 우리 안에 숨어 있는 예술을 끄집어 낼 수 있는 힘, 보물을 찾아낼 수 있는 힘은 바로 여러분에게 있습니다.

아이들이 꼭 미술학원을 다녀야 좋은 그림을 그릴 수 있는 것은 아닙니다. 꼭 형식에 맞춰 음악을 연주하거나 노래해야만 음악을 즐길 수 있는 것도 아니지요. 마음속에 피어나는 영감을 자유롭게 표현할 수 있도록, 자신감을 갖도록 지지해 주는 것이야말로 예술을 삶 속으로 가져오는 최고의 방법입니다. 뇌는 좋은 음악이나 그림을 보면 도파민을 분출합니다. 일종의 상을 주는 겁니다. 그래서 우리는 행복감을 느낍니다. 예술이 주는 행복감을 아이들이 충만하게 느낄 수 있기를 기대해 봅니다.

놀이를 통해
세상을 가르쳐주세요

아이에게 놀이는 세상을 배우는 과정입니다. 놀이를 통해 성공과 실패를 경험하기도 하고, 사회 속에서 지켜야 할 규칙을 배우기도 합니다. 놀이를 통해 상처를 치유하고 회복하고 긴장을 해소할 수도 있어요. 놀이는 문자나 언어로 표현할 수 없는 감정 표현도 자유롭게 할 수 있게 돕습니다. 놀이는 한 인간이 독립된 인격체로 살아가기 위한 역량을 개발하는 데 가장 기초적인 활동일 뿐만 아니라 건강하고 행복한 아이로 성장하는 데 중요한 역할을 합니다.

그러나 엄마들과 이야기를 나눠 보면 대부분 공부가 우선이 되어야 한다고 말씀하십니다. 놀이를 그저 자투리 시간에 해도 되고 안 해도 그만인 활동으로 여기고 계시지요. 그러나 아이들에게 놀이는 신체적, 정서적 성장을 위해 꼭 필요한 활동입니다. 하지만 요즘 아이들은 너무 바빠서 놀 시간이 없습니다. 학교를 마치면 바로 학원으로 달려가고, 집에 돌아와서는 학교 숙제, 학원 숙제를 하느라 정신이 없어요. 우리는 과도한 입시 중심, 학업 성과주의 문화 속에서 벗어나 아이들이 놀이를 통해 행복감을 느끼고 잠재력과 창의력을 기를 수 있도록 도와주어야 합니다.

아이들이 놀이에서 흥미를 느끼고 몰입하다 보면 학습에도 전이되어 무엇이든지 즐겁게 참여하는 적극적인 아이로 성장합니다. 놀이를 통해 갈등 상황을 경험하고 해결하면서 문제 해결 능력도 향상되지요. 놀이에 자율적으로 참여하는 아이들은 능동적이고 독립적인 사고와 행동을 합니다. 게다가 놀이를 통해 친구들과 적극적으로 상호작용을 하다 보면 의사소통 능력이 향상되고 사회성이 발달됩니다.

놀 틈, 놀 터, 놀 감

아이들이 놀이를 통해 행복하고 건강하게 성장하도록 도와주려면 먼저 놀 틈, 놀 터, 놀 감을 제공해 주어야 합니다. 요즘 아이들은 학교에서 돌아오면 할 것이 너무 많아서 '놀 틈'이 없습니다. 여유 있게 상상하고 놀면서 자신만의 세계로 즐겁게 빠질 수 있는 몰입을 경험하다 보면 자연스럽게 자신이 정말 좋아하고 잘하는 것이 무엇인지 알게 됩니다. 이것이 아이들에게 놀 틈이 필요한 이유입니다.

다음은 안전하고 자유롭게 놀 수 있는 '놀 터'를 제공해야 합니다. 놀이터가 됐건 자신의 집이나 친구 집 등 아이들이 어른들의 눈치를 보지 않고 마음껏 놀 수 있도록 터를 마련해 주어야 해요. 이때 지나치게 간섭하거나 제지하면 아이들은 놀이에 재미를 느끼기보다는 중압감 때문에 놀이에 몰입하지 못하게 될 수 있으니 주의하세요.

마지막은 '놀 감'입니다. 저는 아이들이 어렸을 때 집이 지저분해진다는 이유로 장난감과 인형을 많이 사주지 않았습니다. 시간이 지난 뒤 생각해 보니 아이들의 창의력을 키우기 위해서는 다양한 놀 감을 제공했어야 했는데, 신경을 많이 써주지 못한 것이 크게 후회가 되었습니다. 아이들이 마음껏 어질러도 되도록 허용적인 분위기에서 잠재력과 창의성을 발현시킬 수 있는 다양한 놀 감을 제공해 주시면 좋겠습니다.

놀이의 주도권

놀이에 대한 엄마의 개입 유형은 세 가지가 있습니다. 첫 번째는 놀이를 통해 아이가 많은 것을 배우고 이해하길 바라는 '학습형 엄마'입니다. 놀이에 너무 많은 목적의식을 투사해서 놀이를 통해 공부를 시키려고 합니다. 예를 들면 블록 쌓기 놀이를 하면서 연산이나 도형을 가르치려 하고, 지속적으로 인지 자극을 주려는 경우가 있습니다.

두 번째는 아이의 의사를 묻는 것 같지만 궁극적으로는 엄마가 제안하고 지시하면서 방향을 이끌어가는 '주도형 엄마'입니다. 이 유형은 아이에게 생각할 시간을 주지 않고 "우리 이거 한번 해볼까?"라고 말합니다. 아이는 결국 주도권을 엄마에게 빼앗겨 놀이에 흥미를 잃게 됩니다. 학습형 엄마와 주도형 엄마처럼 아이의 주도권을 빼앗으면 삶속에서도 아이가 주체적으로 존재하지 못합니다.

우리는 아이가 놀이 자체에 흥미를 갖고 몰입할 수 있도록 '자율형 엄마'가 되어야 합니다. 아이의 관심사나 감정을 읽어주면서 아이의 의도와 의사를 물어봐 주는 엄마, 아이가 놀이를 주도적으로 이끌어나갈 수 있도록 도와주는 엄마가 되어야 합니다. 그래야 아이가 학습이나 단체 활동을 할 때에도 주도성을 가질 수 있게 됩니다.

CHAPTER 4

엄마의 똑똑한 개입이
아이의 자존감을 높여요

아이에게 엄마는 자신을 바라보는 거울이자 세상과 연결되는 통로입니다. 아이 자존감의 상당 부분은 엄마하기에 달려 있습니다. 그렇기에 내 아이를 자존감 높은 아이로 키우고 싶다면 먼저 엄마 자신을 돌아보고 성찰하는 시간을 갖는 것이 좋습니다. 아이가 이 세상을 얼마나 주도적이고 긍정적인 태도로 살아가는 가는 아이가 지닌 자존감에 달렸다고 해도 과언이 아닙니다. 지금, 보이지 않는 마음의 명령자인 '자존감'을 키워주기 위해 엄마 스스로를 돌아볼 때입니다.

아이의 자존감,
엄마 하기 나름이에요

넘어져도 쉽게 툴툴 털고 일어나는 아이가 있고, 한번 좌절하면 그 속에 빠져 허우적거리는 아이가 있습니다. 이것은 '자존감'의 차이 때문입니다. 저에게는 직업 특성상 자존감 높은 아이들과 낮은 아이들을 한 공간에서 관찰할 수 있는 기회가 많이 있었습니다.

자존감이 높은 아이들은 대체로 자아개념이 명확하고 공감 능력이 뛰어나며 리더십과 성취욕이 강합니다. 복잡하고 어려운 문제가 발생해도 긍정적인 시각으로 판단할 줄 알며, 정답을 찾아 잘 해결해 나갑니다. 이 아이들은 공부도 잘하고 도전의식도 강해요. 반면 자존감이 낮은 아이들은 표정이 늘 어둡고 의기소침하며 공감 능력이 부족한 경우가 많습니다. 어려운 문제에 부딪히면 겁부터 먹고 가능한 한 회피하려고 하지요. 자존감은 부모님을 비롯한 주변 사람들에 의해 크게 좌우됩니다. 특히 아이와 가장 밀접한 관계를 맺고 있는 엄마나 주양육자가 어떻게 아이를 대하느냐에 따라 크게 달라집니다.

아이 자존감을 높이는 엄마의 역할

그러면 한 아이의 행동과 삶을 이토록 달라지게 만드는 자존감의 정체는 무엇일까요? '자존감(Self-esteem)'이란 자신을 어떻게 바라보는가에 대한 신념의 총체를 말합니다. 쉽게 말하면 자신의 모습을 있는 그대로 인정하고 존중할 줄 아는 마음이에요.

핵심은 두 가지로 나눌 수 있는데 하나는 자신이 다른 사람의 사랑을 받을 만한 가치 있는 존재라는 것, 또 하나는 어떤 일을 잘 해낼 수 있다는 믿음입니다. 그런데 문제는 자존감이라는 건 온전히 스스로 완벽하게 확립하기가 힘들다는 겁니다. 대체로 초창기에는 타인에 의해 형성되는데, 특히 주양육자의 양육 수준과 환경에 가장 큰 영향을 받습니다. 주양육자의 역할이 무엇보다도 중요합니다. 아이가 어릴 때부터 자존감을 길러주는 데 힘써 앞으로 닥칠 좌절과 어려움을 극복하고 씩씩하게 세상을 살아갈 수 있도록 지원해 주세요. 지금부터는 자존감을 높여주기 위해 어떻게 지원하면 좋을지 알아보겠습니다.

자존감이 높은 아이

사람의 뇌 속에는 '거울신경(Mirror neuron)'이라는 것이 있습니다. 1990년대 이탈리아의 신경생리학자 자코모 리촐라티(Giacomo Rizzolatti)가 원숭이의 이마엽에서 발견한 것으로 사람은 이 거울신경의 영향으로 공간적 혹은 심리적으로 가까이 있는 사람의 행동이나 표현을 지속적으로 보기만 해도 자신이 그 행동을 하는 것처럼 느낀다고 합니다.

아이는 엄마를 통해 자신을 바라봅니다. 엄마의 행동을 거울 삼아 자신의 정체성을 확립해 나갑니다. 엄마의 말과 표정, 몸짓부터 생각과 감정 등 엄마의 모든 것들이 아이에게 적지 않은 영향을 미칩니다. 아이가 자존감이 높은 아이로 자라길 바란다면 엄마는 되도록 긍정적인 피드백을 통해 긍정적인 자아상을 심어주는 것이 좋습니다. 자신이 소중한 사람인지, 별 볼 일 없는 사람인지 느끼는 과정에서 자존감이 형성됩니다. 사소해 보이는 것일지라도 아이의 작은 성취에 관심을 기울이고 피드백을 놓치지 말아주세요. 특히 영유아 시기에는 좀 더 세심한 관리가 필요합니다. 아이의 생리적인 현상부터 심리적인 변화까지 잘 살펴주고 돌봐주는 엄마의 노력은 아이의 자존감이 단단하게 뿌리내리는 데 단단한 기틀이 됩니다.

좌절을 딛고 일어나는 아이

가끔 영유아 시기를 아이의 자존감을 높이는 시기라고 하여 오냐오

냐하며 아이의 모든 걸 긍정적으로 받아주시는 분들이 계십니다. 하지만 이는 자존감을 잘못 이해한 것에서 비롯된 생각입니다. 그래서 육아가 어려운 거예요. 지나치게 다 개입하고 받아줘서도, 아예 방임해서도 안 됩니다. 그 적정선을 찾고 조절하는 것이 관건이지요. 먼저 엄마는 아이의 일거수일투족에 관심을 기울이고 조금씩 성장의 발걸음을 내딛을 때마다 칭찬으로 그 성취를 응원해 주서야 합니다.

하지만 아이들이 늘 올바른 길로 성장하는 것은 아니잖아요. 때로는 혼이 나야 할 타이밍도 있습니다. 혼내는 일은 아이에게 부정적으로 인식될 거라고 생각하실 수도 있는데, 그것은 혼내는 방식 때문에 생기는 문제입니다. 아이를 혼낼 때 엄마가 감정을 조절하지 못하고 주관적인 감정까지 더한다면 분명 이것은 아이의 자존감에 상처를 입히고 성장을 더디게 만듭니다. 하지만 자신의 감정을 추스른 뒤에 아이가 잘못한 부분에 대해서만 사실에 근거하여 훈육한다면 이것은 아이의 자존감에 상처를 입히지 않으며, 옳고 그름을 가르칠 수 있는 좋은 기회가 되기도 합니다.

하지만 잘못된 행동에 대해 바른 코치를 받지 못하고 늘 '잘한다'는 칭찬 위주의 피드백만 받고 자란 아이들은 나중에 문제가 발생했을 때 그것을 받아들이고 극복할 수 있는 힘을 갖지 못합니다. 조금만 힘든 일이 닥쳐도 노력하는 대신 포기부터 떠올릴 수 있어요. 그렇게 되면 아이의 자존감은 서서히 무너져 내립니다. 실패와 좌절에 취약해집니다. 학교, 나아가 사회에서도 나를 최고로 인정해 줘야만 하는데 실상은 그렇지 않으니 크게 당황하게 됩니다. 물론 엄마의 칭찬은 성장하는 아이에게 정말 중요한 자산입니다. 단 칭찬을 할 때는 칭찬하는 방법에 대해 한 번쯤은 고민해 보시는 것이 중요합니다. 무턱대고 칭찬할 것이 아니라 아이가 노력한 행동에 대해 칭찬해 주세요. 사람은 누구나 좌절과 실패를 할 수 있으며, 그것을 딛고 노력하는 사람이 진정한 승리자가 된다는 사실을 일깨워주시길 바랍니다.

스스로 목표를 정하고 이루는 아이

엄마의 의지대로 아이를 몰고 가기보다는 아이의 의지대로 계획하고 실행할 수 있게 도와주세요. 얼마 전 미국에서 유명한 한 교육학자가 상담 중에 팔다리가 없는 사람을 그리는 아이가 있어 이유를 물어보았다고 합니다. 그랬더니 "엄마 아빠가 다 해줘서 나는 팔다리가 필요 없어요."라고 대답했다는 겁니다. 요즘 아이들은 경제적인 어려움도 적고 부모들이 너무 과잉으로 잘해 주는 바람에 오히려 스스로 성취하는 경험을 못하고 있습니다.

스스로 계획한 일을 해내는 경험은 자존감을 높이는 데 엄청난 원동력이 됩니다. 노심초사하며 아이를 감싸 안고 다 해주게 되면 이런 좋은 경험을 쌓지 못한 채 몸만 큰 아이로 성장하게끔 하는 결과로 이어집니다. 이렇게 키운 자존감은 결코 튼튼하지 않습니다. 내면부터 단단한 아이로 자라도록 자존감을 키워주고 싶다면 아이 스스로 목표를 정하고 계획하고 실행하도록 전지적 엄마 시점으로 지켜봐 주세요.

아이가 잘못된 길로 빠져 헤어 나오지 못하거나 도움의 손길을 내밀 때는 즉각적으로 개입하여 가이드를 해주시면 됩니다.

아이에게 엄마는 자신을 바라보는 거울이자 세상과 연결되는 통로입니다. 아이 자존감의 상당 부분은 엄마 하기에 달려 있습니다. 그렇기에 내 아이를 자존감 높은 아이로 키우고 싶다면 먼저 엄마 자신을 돌아보고 성찰하는 시간을 갖는 것이 좋습니다. 아이가 이 세상을 얼마나 주도적이고 긍정적인 태도로 살아가는가는 아이가 지닌 자존감에 달렸다고 해도 과언이 아닙니다. 지금, 보이지 않는 마음의 명령자인 '자존감'을 키워주기 위해 엄마 스스로를 돌아볼 때입니다.

수용적인 태도로
아이의 공감능력을 키워주세요

"쟤는 말이 안 통하는 애예요. 우리 반 애들이 다 싫어해요." 3학년 다빈이를 떠올리면 친구들은 답답하고 괴롭다고 말합니다. "다른 친구들의 말은 안 들어요. 자기 말만 하고 자기주장만 맞는다고 해요. 다른 사람의 입장에서는 전혀 생각 안 해요. 그런 고집불통이 없어요." 체육 수업을 마친 뒤 윤호는 같은 반 친구 다빈이가 정글짐 꼭대기에 올라가서 아슬아슬하게 놀고 있는 장면을 보았습니다. 다빈이가 위험해 보이기도 하고 쉬는 시간도 끝나가기에 내려오라고 했지요. 다빈이는 발끈하며 "네가 무슨 상관인데?"라고 따졌고, 이 말에 화가 난 윤호는 "너는 모든 게 네 마음대로구나!"라고 응수했지요. 마음이 상한 다빈이는 미술 시간에 붓으로 윤호를 찌르려고까지 했습니다. 윤호 엄마는 그 사실을 알고 화가 나 다빈이를 학교폭력으로 신고하기에 이르렀습니다.

조망수용능력 5단계

다빈이와 같이 타인이 나와 다른 생각을 가질 수 있다는 것을 이해하지 못하고 자신의 말만 옳다고 우기는 아이들이 종종 있습니다. 이 아이들은 뭐든지 자신의 마음대로 되지 않으면 화를 내기도 하고 울음을 터트리기도 해요. 다빈이 같은 아이들을 두고 전문가들은 조망수용능력이 부족하다고 진단하곤 합니다.

'조망수용능력(Perspective taking ability)'이란 다른 사람의 마음이나 생각, 느낌이나 행동에 대해 그 사람의 입장에서 이해할 수 있는 능력을 말합니다. 미국 하버드대학교의 의학 심리학 교수인 로버트 셀먼(Robert L. Selman)은 조망수용능력(사회적 발달 수용 능력)을 다섯 개의 발달 단계로 나눠 소개하고 있습니다.

0단계는 '미분화된 조망수용 단계'로 대략 3~6세 아이들에게 해당됩니다. 이 아이들은 타인이 자신과 다른 생각을 가질 수 있다는 것을 이해하지 못합니다. 1단계는 '사회정보적 조망수용 단계'로 대략

6~8세에 해당됩니다. 이때부터는 타인이 다른 관점을 가질 수 있다는 것을 인식합니다. 2단계는 '자기반영적 조망수용 단계'입니다. 대략 8~10세에 해당되며, 자신과 타인의 관점이 다를 수 있다는 것을 인식하고 자신의 행동에 대한 타인의 반응에 대해서도 예측할 수 있습니다. 그러나 자신의 관점과 타인의 관점을 동시에 고려하지는 못합니다. 3단계는 '제3자적 조망수용 단계'로 대략 10~12세까지 해당됩니다. 이때는 자신과 타인의 관점을 동시에 고려할 수 있습니다. 마지막으로 4단계는 '사회관습적 조망수용 단계'로 대략 12~15세 이상에 해당됩니다. 이때는 사회적 가치체계에 근거하여 다른 사람의 입장을 이해하고 판단할 수 있습니다.

공감능력이 뛰어난 아이로 키우는 법

조망수용능력이 발달한 아이는 다른 사람의 정서 상태를 대신 경험하는 감정이입(Empathy)을 잘하고 동정심(Compassion)을 지닙니다. 또 어려운 사람을 잘 돕고 힘든 상황을 해결하는 능력도 갖고 있습니다. 자율적인 분위기에서 사랑을 많이 준 부모 밑에서 자란 아이일수록 공감능력이 높습니다. 다빈이처럼 조망수용능력의 발달이 지체된 데는 여러 이유가 있겠지만 그중에서 가장 큰 영향을 주는 것은 부모의 양육 태도일 가능성이 큽니다. 엄마의 지시적이고 억압적인 언어

소통 방식이 아이를 더 폐쇄적으로 만듭니다. 결론적으로 엄마가 아이에게 얼마나 긍정적이고 수용적인 태도로 사랑을 표현하며 자율성을 주느냐에 따라 다른 사람을 이해하고 공감하는 능력이 달라진다는 것입니다.

학교폭력 문제로 다빈이 엄마와 상담을 해보니 다빈이 엄마가 매우 거부적인 양육 태도를 가졌다는 것을 알 수 있었습니다. 다른 사람의 입장은 무시한 채 자신의 주장만 강하게 내세웠습니다. "다빈이는 잘못이 없어요. 붓으로 위협한 것도 아니던데요. 그냥 붓을 들고만 있었다고요." 붓으로 위협하는 것을 본 친구가 있는데도 다빈이 엄마는 상대방의 입장은 전혀 고려하지 않았습니다. 자신이 가진 생각에 갇혀서 그 어떤 말도 들어갈 틈이 없는 것 같았어요. 윤호에게 전혀 미안한 기색도 없고, 그 어떤 양보도 하지 않겠다는 다빈이 엄마의 모습을 보면서 '아이는 엄마의 거울'이라는 말이 실감났습니다.

그렇다면 내 아이가 사회에 나가 다른 사람을 이해하고 공감하면서 건강한 대인관계를 맺고 살아가도록 하려면 어떻게 해야 할까요? 즉, 아이의 조망수용능력을 키워줄 수 있는 방법은 어떤 것들이 있을까요? 우선은 부모가 애정을 가득 담은 수용적인 태도로 아이를 양육하면서 구체적인 노력을 기울여야 합니다.

첫째, 동화책이나 그림책을 함께 읽고 아이와 토론을 하는 것도 좋은 방법입니다. 이야기 속의 주인공이 되어 다양한 방법으로 감정을 표현해 보는 시간을 가져보세요. 둘째, 책 속에서 마음에 드는 한 장면을 선택해 역할 놀이를 해보는 겁니다. 그 사람의 입장이 되어 다른 사람의 마음을 경험하게 한다면 공감력을 높일 수 있습니다. 셋째, 다양한 체험활동을 통해 통합적인 경험을 쌓도록 도와주세요. 자연에서 식물과 대화를 나누거나 동물의 입장이 되어 보는 것도 좋습니다. 넷째, 학습을 위해 만들어진 양질의 게임을 통해 재미있게 공감하고 소통하는 능력을 키워주세요. 다섯째, 또래 친구들과 협력학습을 할 수 있는 여건을 만들어주세요. 친구들과 서로 도와가며 하나의 목표를 성취해 나가는 경험을 통해 타인의 생각을 이해할 수 있게 되고, 나아가 우정도 쌓을 수 있게 됩니다.

다른 사람을 이해하고 공감하며 역할을 수행하는 능력은 앞으로 아이가 살아가는 데 꼭 필요한 역량입니다. 가까운 미래에는 AI가 인간을 대신해서 많은 일들을 해주겠지만 인간이 가진 정서지능만은 대신해 줄 수 없을 거예요. 그렇기에 아이가 리더로 성장하기 위해서는 무엇보다도 조망수용능력이 발달되어야 합니다. 다른 사람의 사고나 느낌, 행동이나 관점을 이해하고 판단하는 인지적 활동이 이루어지고, 타인의 입장이 되어 그들의 처지를 이해하는 능력을 키워주기 위해 먼저 엄마들이 열린 마음으로 아이들을 바라보고 노력해야 할 것입니다.

감정을
디자인하도록 도와주세요

일 년 내내 밝은 표정으로 생활하는 아이도 있고, 늘 우울한 표정으로 땅만 보고 걷거나, 말이 없는 아이도 있습니다. 천방지축으로 뛰어다니는 명랑한 아이도 있고, 내내 화와 짜증섞인 얼굴로 친구들을 괴롭게 하는 아이들도 있어요. 여러분의 아이는 학교에서 어떤 표정으로 지내고 있나요?

가끔 학교에서 수시로 화를 내며 친구들을 자꾸만 괴롭히는 아이의 부모님과 상담하면 "우리 아이가 집에서는 정말 모범생이에요. 착하고 엄마 말도 잘 듣고 자기 할 일도 얼마나 책임감 있게 하는데요." 라고 말씀하십니다. 그럴 때 선생님이 아이의 학교생활에 관해 전하면

"우리 아이에게 문제가 있다는 게 믿어지지 않네요."라고 하거나 "정말 죄송해요. 집에서도 같은 행동을 하는데 저도 어쩔 수가 없네요."라고 말하는 부모님들도 계시지요.

내 아이의 진짜 모습

집에서 보는 아이의 모습과 학교라는 사회 공간에 놓인 아이의 모습은 다를 수 있습니다. 무엇보다 내 아이의 성향을 정확하게 파악하려면 담임 선생님과 다양한 루트를 활용하여 긴밀하게 소통하는 것이 좋아요. 초등학교 시절, 아이를 면밀하게 관찰해 감정이나 정서를 잘 관리하도록 도와줘야 교우관계도 좋아지고 공부도 잘할 수 있으며, 나중에 상급학교에 진학해서도 잘 적응할 수 있습니다.

3학년 성재는 자신의 게임기를 바닥에 떨어뜨린 친구에게 "야, 이거 만지지 말라고 했지?" 하고 말하며 주먹으로 얼굴을 때렸습니다. 성재는 늘 가슴에 화가 가득 차 있었어요. 발달이 좀 늦은 친구를 괴롭히고, 화가 날 때마다 책상을 뒤엎어버리기도 했습니다. 그래서 친구들은 성재 옆에 가기를 정말 꺼려했어요. 괜히 옆에 있다가 봉변을 당할 수도 있기 때문입니다. 담임 선생님도 심각성을 알아차리고 성재의 행동을 교정해 보려고 노력했지만 그때뿐이었어요. 조금만 시간이 지나면 다시 문제를 일으켜 많은 사람들을 괴롭게 만들었습니다. 성재와 같은 경우 빠른 시간에 행동을 교정해 주지 않으면 선생님이나 친구들에게 '나쁜 아이'라는 낙인이 찍히게 될 가능성이 높습니다.

초등 시기는 아직 유연하고 충분한 성장가능성을 지니고 있으니 노력한다면 빠르게 교정할 수 있습니다. 아이의 정서와 감정을 세심하게 잘 관리해 주며 마음에 응어리나 스트레스가 쌓여 있다면 그 원인을 알아내 빠르게 해결해 줘야 합니다. 어릴 때 감정을 잘 관리해 주지 못하면 어른이 되어서도 감정에 휘둘리게 되어 또다시 힘든 시간을 겪어야 할지도 모릅니다.

화와 짜증이 많은 아이

평소 아이가 화를 잘내고 짜증이 많다면 엄마가 아이의 기질을 잘 관찰하고 이해하며 맞춰주려는 노력이 필요합니다. 그리고 현재 아이가 스트레스를 많이 받고 있는지도 점검해 보는 것이 좋아요. 짜증과 화를 내는 데는 그만한 이유가 있을 것이라고 생각하셔야 합니다. 아이가 불필요한 에너지를 낭비하지 않도록, 안정감을 찾아주려는 노력이 필요해요.

발달 단계상 자의식이 발달해 엄마로부터 독립하려는 시기인지도 고려해 보는 것이 좋습니다. 사춘기는 금방 지나갑니다. 너그럽게 아이를 받아주는 마음의 여유도 필요합니다. 그리고 신체적, 정신적으로 질병이 있는 건 아닌지도 점검해 보세요. 아이들은 어딘가 편안하지 않은 상태일 때 짜증을 많이 내기 때문입니다. 그 밖에도 학교에서 다른 친구들과 잘 어울리지 못하고 피해를 주거나 상호작용이 안 되는 경우, 다음 4단계 지침에 따라 아이가 자신의 감정을 새롭게 디자인할 수 있도록 도와주시길 바랍니다.

1단계: 감정의 거리두기

아이의 감정과 엄마의 감정을 동일시하지 말고 약간의 거리를 두세요. 관찰을 통해 '아이가 짜증을 내네', '화를 내고 있네'라고 인지하되 아이와 약간의 거리를 두고 상황을 객관적으로 판단하셔야 합니다. 아이의 감정에 휘말리지 않도록 말이지요. 보통 엄마들은 아이가 화나 짜증을 내면 마음 깊숙한 곳에서 분노가 치밀어 오릅니다. 감정이 전이되었기 때문이에요. 이럴 때는 호흡을 깊이 들이마시고 내쉬며 마음을 가라앉히고 아이의 감정이 내게 옮겨 붙지 않도록 차단한 다음 마음 한 구석에 조용히 지금의 상황을 내려놓습니다.

이렇게 엄마도 수학 공식을 외우듯 감정의 거리두기 훈련을 한다면 서서히 나아질 겁니다. 저도 연습을 통해 외부의 감정적인 자극이나 공격으로부터 저 자신을 보호하고 평정심을 유지하곤 합니다.

2단계: 감정의 경계 일러주기

아이의 현재 감정을 공감해 주되 폭력은 안 된다고 경계를 제시해

주세요. 아이가 화나 짜증을 낼 때 무조건 "시끄러워. 그만하라고 했어, 안 했어? 엄마도 힘든데 왜 너까지 그러니?" 하고 밀어내면 아이의 감정은 수그러들지 않습니다. 불에 기름을 끼얹는 것과 같아지지요. "화가 많이 났구나!" 하고 먼저 지금의 감정 상태를 인정해 주세요.

하지만 화가 났다고 해서 동생을 때린다든지 물건을 집어 던진다든지 하는 폭력적인 행동을 한다면 즉각적인 제지가 필요합니다. "화난 건 알겠는데 폭력을 사용하는 건 안 돼."라고 경계를 알려주는 것이 중요합니다. 폭력을 습관적으로 사용하는 아이들이 그렇게 된 배경에는 어른들의 책임이 큽니다. 아이들 싸움을 어릴 적 한두 번 겪는 사소한 다툼으로 넘기고 방임했기 때문이지요. 아이 입장에서는 엄마가 정확한 경계를 알려주는 것이 장차 정서적으로 안정감을 주는 데 도움이 됩니다.

3단계: 진짜 감정 들여다보기

화 뒤에 가려진 아이의 진짜 감정이 무엇인지 알아보세요. 아이들은 감정이 잘 분화되어 있지 않습니다. 지금 느끼는 이 감정이 어떤 감정인지 인식하지 못한 채 화나 짜증으로 표현하는 경우도 있어요. 몸이 아프거나 마음이 괴로울 때, 우울할 때, 두려울 때, 불안할 때, 미안할 때, 창피할 때, 속상할 때, 슬플 때 등 어딘지 모르게 불편한 감정이 올라오면 짜증이나 화를 내는 겁니다. 이럴 때 엄마가 아이의 감정을 자극하고 비난하고 지적하고 지시하면 아이는 무시당하고 경멸당하는 느낌을 받게 되니 주의하세요.

아이가 심하게 화나 짜증을 낼 때는 아이의 손을 잡아주거나 안아주면서 아이의 진짜 감정에 대해 알아차릴 수 있는 질문을 해주면 좋습니다. "오늘 우리 00이가 화가 많이 났구나.", "00이가 속이 많이 상했겠구나!", "왜 화가 났는지 엄마에게 말해줄 수 있어?"라고 아이의 마음을 어루만지는 차분하고 따뜻한 대화를 통해 화난 가슴을 녹여주세요. 감정이 좀 안정되면 아이는 자신의 상태를 엄마에게 이야기할 가능성이 높습니다. 그리고 주변 사람들의 도움을 받아 아이의 상황을 파악하는 것도 좋은 방법입니다. 아이의 진짜 감정을 정확하게 알아야 그다음 단계 해결책을 수립할 수 있습니다. 아이는 단순히 배가 고파서 화를 낸 것일 수도 있습니다.

예전에 제가 담임을 맡았던 아이 중에 초등학교 2학년 연우라는 여자아이가 있었습니다. 연우는 표현력이 부족하고 행동이 느리며 낯가림도 심해서 친구들과 잘 어울리지 못했어요. 표정은 어둡고 우울증이 있나 싶을 정도로 짜증을 잘 내고 예민했습니다. 친구가 조금만 자극해도 불같이 화를 내고 걸핏하면 울었지요. "연우야, 오늘 기분이 안 좋아? 왜 우는 거야?"라고 물으면 씩씩거리면서 "내 머리를 잘라내고 싶어요. 생각이 사라지게 하고 싶어요."라고 이해하기 힘든 말들을 내뱉곤 했습니다. 저는 연우가 걱정돼 연우 엄마에게 연락을 드렸습니다.

연우 엄마는 직장 때문에 아이를 고모나 동네 아주머니 등에게 맡기게 되었다고 합니다. 즉 연우가 자라는 동안 주양육자가 여러 번 바꾀었다는 것입니다. 연우는 자라면서 한 번도 안정적인 환경을 경험해 본 적이 없었습니다. 연우가 칭얼거리면 엄마는 "넌 왜 맨날 징징대니?", "저리 가지 못해?", "왜 그렇게 행동이 느려?"라고 비난과 지적만 했습니다.

저는 연우 엄마에게 몇 가지 부탁을 드렸습니다. 아이의 짜증 뒤에 숨어 있는 감정을 똑바로 바라볼 것을 주문했지요. 아이의 짜증 뒤에 숨어 있는, 엄마와의 애착을 너무도 간절하게 원하는 아이의 마음을 읽어달라고 했어요. 아이가 집에 오면 포근히 안아주고 따뜻한 시선으로 바라봐 주는 것, 단 한 시간만이라도 엄마와 오롯이 함께 노는 시간을 가져주라고 했습니다. 아이의 행동이 거슬리더라도 비난하지 말고 너그럽게 기다려주길 당부했어요. 그리고 엄마의 말투를 좀 더 활기차게 바꿔보도록 권했습니다. 평소 연우 엄마의 말투도 징징대는 습관이 담겨 있었거든요. 이후 여름방학이 지나고 등교한 연우의 표정은 확연히 달라져 있었습니다. 주변의 자극에 쉽게 감정의 변화를 보이지 않았고, 안정된 감정 상태를 유지하는 시간이 점점 길어졌어요. 표정 역시 한결 밝아져 있었습니다. 모두 연우 엄마가 이끌어낸 변화입니다. 연우 엄마가 아이의 화와 짜증 뒤에 숨어 있는 진짜 감정을 읽고 기다려준 덕분이었습니다.

4단계: 감정 디자인하기

부정적인 감정을 긍정적인 감정으로 새롭게 디자인해 주세요. 많은 아이를 만나다 보니 아이의 감정이 엄마의 태도에 따라 많이 달라지는 것을 관찰할 수 있었습니다. 알림장 글씨를 엉망으로 쓰는 아이에게 엄마가 "너는 왜 맨날 글씨가 이 모양이니? 지렁이가 기어가도 이보다는 더 잘 쓰겠다."라고 말하면 아이가 "네." 하고 고분고분 말을 잘 들을 수 있을까요? "몰라. 엄마나 잘 써."라고 짜증을 내겠지요. 이럴 때는 화를 가라앉히고 부드러운 말투로 "알림장 글씨를 알아볼 수 없는데, 내일부터는 엄마가 알아볼 수 있게 써줄 수 있을까?"라고 말한다면 대부분 아이들은 "알았어요."라고 답할 것입니다. 평소 엄마가 빈정대거나 무시하고 경멸하는 듯한 태도로 말하기 때문에 아이가 엇나가는 경우가 생각보다 많습니다.

그리고 진짜 자기 표현을 정확하게 하는 훈련도 중요합니다. 짜증 내기 전에 "엄마, 저 지금 배가 고파요. 그래서 짜증이 나요.", "저 친구가 나를 밀고 사과하지 않았어요. 그래서 너무 밉고 화가 나요."라고 정확하게 의사 표현을 하도록 습관을 들여야 합니다. 아이가 솔직한 감정을 말하면 엄마는 그 감정을 있는 그대로 수용하고 진심이 느껴지도록 칭찬을 해주셔야 합니다. "그래, 네 마음을 표현해 줘서 고맙구나. 그럼 네가 원하는 방향으로 함께 해결해 보자." 이렇게 함께 고민을 해결하다 보면 부정적인 감정이 긍정적인 감정으로 전환됨을 경험할 수 있게 될 것입니다.

보통은 아이에게 나쁜 감정이 쌓여 있으면 엄마는 아이의 감정보다는 엄마의 할 일에만 집중하게 됩니다. 원인을 파악하는 것이 아니라 저렇게 화내는 아이를 당장 혼내야 할 것 같은 감정에 사로잡혀 아이를 혼내고 다그치게 되지요. 그러다 보면 아이에게 쌓인 부정적인 감정은 해소되지 못하고 더욱 강력해집니다. 이때 엄마는 아이의 부정적인 감정을 긍정적으로 전환할 수 있게 언제 어느 때 스위치를 눌러야 할지 잘 파악하셔야 합니다. 그래야만 아이가 부정적인 감정에서 빨리 벗어날 수 있습니다. 이렇게 감정을 관리하는 법을 어렸을 때부터 배우고 연습하면 성인이 되어서도 감정 관리를 아주 훌륭하게 잘 해낼 수 있게 될 것입니다.

아이의 불안을 해소하는 엄마의 개입 방법

간혹 불안감이 심할 때 짜증으로 해소하려는 아이들이 있습니다. 특히 시험 기간에는 불안 때문에 신경이 극도로 예민해져서 배나 머리가 아프다고 하거나 짜증을 내는 등의 행동으로 엄마가 말도 못 붙이게 분위기를 몰아가는 아이들도 있지요. 불안이란 미래에 대한 감정이며 실체가 없는 감정입니다. 이를 구체적인 것으로 끌어오는 것이 중요합니다. 한편 불안의 실체가 명확하게 드러나는 경우에 이것은 공포라는 감정으로 발전되기도 합니다. 만약에 호랑이가 우리 앞에서 으르렁거린다면 명확한 실체가 드러나 있고, 이것은 공포라는 개념으로 우리 앞에 다가오겠지요. 그래서 아이가 불안을 느낄 때는 막연한 것을 구체적인 것으로 바꿔 자신의 앞에 가져다 놓는 연습을 시켜주는 것이 좋습니다. 엄마가 똑똑하게 아이의 감정에 개입하려면 아이의 문제를 대신 해결해 주는 것이 아니라 아이 스스로 느끼고 깨닫고 해결해 나갈 수 있도록 가이드해 주는 것이 무엇보다 중요합니다. 이제 아이의 불안을 해소하기 위한 엄마의 개입 방법에 대해 몇 가지 소개해 드리겠습니다.

첫째, 막연한 불안감이 실제적으로 무엇인지, 강도가 어느 정도인지 먼저 질문으로 이끌어 냅니다. 불안의 실체를 알아보기 위해 상황을 이야기하다 보면 구체적인 원인을 파악할 수 있습니다. "쪽지시험 때문에 불안해요.", "다음 주에 수영 체험학습을 가야 하는데 그것 때문에 불안해요.", "숙제를 다 못 해서 불안해요."와 같이 불안의 원인을 찾아보는 것도 좋고, "걱정이 되어서 잠이 안 와요.", "가슴이 답답해요."와 같이 힘든 정도에 대해서 이야기하는 것도 좋습니다. 아이는 단지 이야기하는 것만으로도 감정의 실체를 구체적으로 인식하게 되고, 불안감을 해소할 방법을 찾겠다는 마음을 먹을 수 있게 됩니다.

둘째, 구체적으로 인식한 불안의 요인을 아이가 어디까지 감당할 수 있을지 능력을 알아보게 도와주세요. 보통 사람들은 실행은 하지 않고 불안감에 떨다가 실제로 해보고 나서야 별거 아니었다는 것을 깨달을 때가 많습니다. 만약 쪽지시험 때문에 불안감이 고조되었다면,

시험 날짜가 얼마나 남았는지, 시험 범위는 얼마나 되는지, 그럼 하루에 어느 정도의 양을 공부하면 되는지를 구체적으로 파악하고 하나씩 해결해 나갈 방법을 찾으면 됩니다.

셋째, 아이의 능력에 맞게 어느 정도 해결해야 마음이 편해질 것 같은지 물어보고, 긍정적인 감정으로 디자인하도록 도와주세요. 무엇을 해야 불안감이 사라질지 스스로 방법을 찾게 하고, 실행에 옮기도록 하는 겁니다. 예를 들어 하루에 끝내야 할 공부의 목표량을 정하고 난 뒤 이제 그에 맞게 공부를 시작하도록 이끌면 됩니다. "사회 쪽지 시험을 보기 전까지 매일 20쪽씩 공부하면 될 것 같아요." 하고 말이지요. 불안감이 실제적인 행동 목표로 전환되는 순간, 부정적인 감정은 긍정적인 감정으로 새롭게 디자인됩니다.

아이마다 다르겠지만 화를 잘 내는 아이들 중에는 기질적으로 예민한 아이도 있고, 불같은 성격의 소유자도 있습니다. 먼저 엄마가 내 아이의 특성을 잘 파악하고 수용하는 태도를 갖는 것이 중요합니다. 화 뒤에 숨어 있는 진짜 감정을 알아주고 긍정적으로 디자인하도록 도와주세요. 아이는 자신의 감정 스위치를 긍정적으로 돌릴 수 있게 됩니다. 화내는 습관을 오랜 시간 방치하면 자칫 폭력으로 이어질 수 있습니다. 부모와 교사가 함께 아이의 감정을 잘 관리할 수 있도록 도와주시길 바랍니다.

이상 행동을 하는 아이에게는
수용적인 태도가 먼저입니다

　누군가 제게 "지금까지 두 딸을 키우면서 또 학교에서 많은 아이들을 가르치면서 가장 후회되는 순간이 있다면 언제인가요?"라고 질문한다면 "자주 있었던 일은 아니지만, 아이들에게 자애롭지 못하고 강압적으로 윽박지르며 아이를 변화시키려 했던 순간들입니다."라고 답할 것 같습니다. 제 경험에 의하면 아이들은 결코 어른들이 윽박지르고 강압적으로 힘을 가한다고 해서 진정으로 변화하지 않습니다. 오히려 더 어긋나거나 반항을 할 가능성이 커질 뿐입니다.

기다리지 못하는 부모

어른들은 왜 보이지 않는 힘으로 아이를 제압하고 기를 꺾으려 하며 자신의 마음대로 변화시키려고 할까요? 가장 큰 이유는 아이가 자신과 똑같은 생각을 갖고 있으며, 어른처럼 성숙한 사고를 할 것이라고 착각하기 때문입니다. 그래서 어른이 원하는 대로 아이에게 힘을 가하면 따라올 것이라고 생각합니다. 두 번째 이유는 아이의 상황이나 감정 상태를 온전히 이해하고 수용하려는 마음이 부족하기 때문입니다. 아이는 오롯이 자신이 처한 상황이나 감정을 수용받기를 원합니다. 그런데 어른이 강압적인 태도로 변화시키려 하면 아이는 상처받고 어긋난 행동을 하게 되지요. 세 번째 이유는 어른이 아이의 감정이나 욕구가 해결되어 정서적으로 안정을 찾고 자신의 행동을 변화시킬 때까지 기다려줄 마음의 여유가 없기 때문입니다. 단지, 빨리 문제를 해결한 뒤에 다른 일을 하거나 자신의 일상으로 돌아가고 싶을 뿐입니다.

제가 교장으로 부임했던 한 학교는 전교생 480명 중 170여 명이 외국인 가정의 자녀였습니다. 외국인 학부모 대부분은 고려인 후세로 동포 비자를 받고 취업을 위해 입국한 러시아계 외국인들이었어요. 많은 외국인 아이들은 언어가 통하지 않는 한국에서 적응하느라 어려움을 겪고 있었습니다. 그래서 외국인 아이들의 한국어 수업을 위해 수준에 따라 반을 편성해서 10개의 한국어학급을 운영했었지요. 이들 중에는 한국의 학교생활에 잘 적응하고 친구들과 원만하게 지내는 아이가 있는가 하면, 학습이나 생활에 적응하지 못하고 어려움을 겪는 아이들도 있었습니다.

언젠가 교무실에서 소란스러운 소리가 들리기에 가보니 우즈베키스탄에서 이주해 온 2학년 남학생 아르쫌이 담임 선생님 손에 이끌려 왔더군요. 선생님은 한국말이 통하지 않는 아르쫌을 위해 이중 언어 선생님이 계신 교무실로 데려와 문제를 해결하려고 한 것이었습니다. 아르쫌은 얼굴에 화를 가득 머금은 채 씩씩거리며 담임 선생님의 팔을 물려고 했습니다. 마침 교무실에 와 계시던 옆 반 선생님이 "그러면 안 돼."라고 큰소리로 윽박지르며 아이를 제지했어요. 하지만 아르쫌은 계속해서 담임 선생님에게 매달려 팔을 물려고 했습니다. 담임 선생님은 앞에 아이를 앉힌 뒤 차분한 목소리로 대화를 이어갔습니다. "아르쫌, 네 작품이 망가져서 정말 속상했지? 그렇지만 티무르가 일부러 그런 게 아니었어. 티무르가 지나가다가 실수로 책상에 부딪쳐서 네 작품이 찢어지게 된 거야. 점심 먹고 선생님이랑 다시 만들어보자. 티무르도 함께 도와주겠다고 했어." 하고 아이의 마음을 달래기 시작했어요. 시간이 얼마나 흘렀을까요? 이윽고 아르쫌은 마음을 가라앉히고 선생님의 제안을 받아들이기 시작했습니다. 그러곤 잔뜩 찌푸리고 있던 인상을 펴고 편안한 표정으로 교실로 올라갔습니다.

아마 아르쫌은 담임 선생님의 수용적이고 자애로운 태도에 자신의 감정이 공감과 존중을 받고 있다고 생각했을 거예요. 그렇기에 자신의 감정을 누그러뜨리고 평정심을 되찾았을 것입니다. 아르쫌의 담임 선생님처럼 아이가 화를 내거나 감정에 깊게 빠졌을 때 윽박지르고 물리적인 힘을 가하기보다는 먼저 아이의 마음을 이해하고 수용해 주는 자애로운 태도를 보인다면 아이는 한결 더 마음을 열어 보일 것입니다.

있는 그대로 인정하기

미국의 심리학자 칼 로저스(Carl Ransom Rogers)는 저서 『진정한 사람되기』를 통해 '사람이 다른 사람을 통해 온전히 이해받고 수용되면 될수록 비록 고통이 심하고 비정상적인 감정 상태를 가졌다 하더라도 희망을 가지고 긍정적인 방향으로 나가려고 한다'라고 말했습니다. 로저스의 말처럼 엄마가 아이를 온전히 이해하고 수용하면 아이는 긍정적으로 자랍니다. 아이가 잘못된 행동을 하거나 이상 행동을 할 때 엄마의 기분에 따라 다그치거나 윽박지르기보다는 엄마의 감정을 가장 객관적인 위치에 가져다 놓은 뒤 아이를 대해주세요. 곧 아이는 자신의 행동을 변화시키고 회복하여 안정된 자리로 돌아오게 될 것입니다.

만약 내 아이가 작은 일에도 화를 내거나 이상 행동을 보인다면 내 아이의 감정 상태를 깊이 있게 돌아보는 시간을 갖길 바랍니다. 그 과정에서 애착관계가 불안정하지 않았는지, 욕구체계는 잘 해소되고 있는지, 심리적으로 안정되어 있는지, 사람들과는 소통이 원활하며 관계는 원만한지 등을 체크해 볼 필요가 있습니다. 태어날 때부터 문제가 있는 아이는 없습니다. 기질적인 차이는 어느 정도 있겠지만 환경이나 상황, 엄마의 양육 방식이나 교육 방식이 아이를 문제아로 만드는 것일 수도 있습니다. 윽박지르지 말고, 이해하고 수용하는 자애로운 엄마가 되면 자연스럽게 아이는 긍정적이고 행복한 아이로 자라게 될 것입니다.

실수와 실패를 경험할
충분한 시간이 필요합니다

"어휴, 어휴, 어휴~우!" 땅이 꺼지도록 연신 한숨을 내쉬는 열다섯 살 송은이는 생애 처음 한국의 수학 시험지를 받아들고는, 한국어로 된 문제를 이해하지 못해 당황하고 괴로워했습니다. 송은이는 테니스 황제 이형택 선수의 세 자녀 중 한 명입니다. 미국에서 7년 간 살다가 코로나19로 인해 한국으로 급하게 돌아왔고, 한국말이 서툰 탓에 임시로 국제학교에 다니고 있습니다. 저는 한 TV 프로그램을 통해 송은이 가족의 이야기를 접하게 되었습니다.

송은이의 엄마는 아이들이 한국의 문화와 교육 방식에 하루빨리 적응했으면 하는 조급한 마음을 품고 계셨고, 아직 한국말이 서툰 아이에게 한국어로 된 수학과 영어시험을 보게 했습니다. 아이들은 이런 엄마의 행동에 답답해 하고 힘들어했지요.

송은이가 한국말을 익히고 한국 문화에 적응하며 이후 공부까지 잘하게 되려면 충분한 시간이 필요합니다. 그런데 엄마는 시간이 없다고 몰아치면서 아이들을 한국의 교육 시스템에 억지로 끼우려고 애를 쓰셨지요. 그로 인해 아이들은 심리적으로 위축되었고 자존감은 바닥으로 떨어졌으며 엄마와의 관계 또한 좋지 못했습니다. 아니나 다를까 송은이는 심리 상담을 통해 한국에 돌아온 것을 후회하고 있으며, 재능이 많은 동생들과 비교되어 괴롭다는 속내를 털어놓습니다. 엄마의 조급함이 아이들을 힘들게 하고 있었습니다.

제가 있던 학교에도 송은이와 비슷한 이유로 힘들어했던 아이가 있었습니다. 러시아에서 전학 온 1학년 디아나였는데, 이 아이는 한 달 가까이 교문 앞 등나무 아래에 서서 울었어요. 억지로 교실에 데려다 앉히면 너무 울어서 수업이 힘들 정도였습니다. 디아나는 러시아에서 공부도 잘하고 씩씩한 아이였는데, 울보가 된 이유는 바로 언어 때문이었습니다. 디아나는 "수업 시간에 언어가 안 통하니 바보가 된 것 같아 자존심이 상한다."라고 토로했습니다. 결국 전학 온 지 한 달도 안 되어 본국으로 돌아가고 말았지요. 송은이도 디아나처럼 언어 장벽에서 오는 무력감과 자신의 한계로 너무도 괴로웠을 것입니다.

실패를 허용하는 문화

우리의 전 생애를 돌아본다면 십 대는 매우 이른 때입니다. 아이의 실수나 실패를 부모가 덮어주기도 쉽고 만회하기도 쉬운 나이대가 바로 십 대 아니던가요? 이 시기를 완벽하게 살지 않는다고 해도 앞으로 펼쳐질 인생에 큰 영향을 주지는 않습니다. 오히려 이 시기에 충분히 경험하고 넘어지고 자빠져본 사람은 성인이 되어서 더 알차게 삶을 살아갑니다. '지랄 총량의 법칙'이 있는 것처럼 우리가 겪을 실패에도 총량의 법칙이 존재할지도 모릅니다. 그 실패를 미리 경험하고 빨리 회복하는 것이 낫지, 성인이 되어 실수하고 실패하게 되면 치명적인 손해를 입게 될 것입니다. 늦은 나이에 넘어지고 자빠지면 다시 일어나기가 정말 쉽지 않거든요.

제 친구의 아들 시원이는 고등학교 1학년 때 학교에서 왕따를 당하고 힘들어하다가 자퇴를 결정했습니다. 수 개월간 방황하다가 교회의 주선으로 해외 봉사활동을 다녀온 적이 있는데, 봉사활동을 하면서 많은 깨달음을 얻은 아이는 열심히 공부해서 검정고시를 쳤고 이후 명문 대학교에 입학했습니다. 그때 제 친구는 마음고생을 참 많이 했어요. 착하고 순하던 아이가 갑자기 반항하고 학교를 그만둔다고 할 때, 아이의 실패가 엄마의 실패로 느껴져 너무나 괴로웠다고 합니다. 그러나 아이는 금방 실패를 딛고 일어섰고, 오히려 삶에서 더 소중한 것들을 깨달아 더 나은 삶을 향해 나아가고 있습니다.

아이가 이루어야 할 목표와 제한 시간을 엄마가 정해놓고 조급해하면서 다그치면 아이는 더 엇나가고 망가지기 쉽습니다. 하지만 실수와 실패를 경험할 충분한 시간을 준다면 아이들은 스스로 문제를 극복하고 자신의 궤도를 찾아갑니다. 이때 한 가지 잊지 않아야 할 것은 캐나다의 심리학자 반두라(Bandura)가 「자기효능감이론(Self-efficacy theory)」에서 밝혔듯 '아이가 특정한 과제를 성공적으로 수행할 수 있다는 자기 능력에 대한 믿음을 갖도록 엄마가 믿어주고 지지해 주는 것'입니다.

실수와 실패도 할 수 있다는 허용적인 분위기에서 회복할 수 있는 충분한 시간을 주고, 성공 경험을 할 수 있도록 기회를 제공하는 것이 중요합니다. 심리적 안정감을 주고 자신과 비슷한 모델의 성공적인 수행을 관찰할 수 있도록 하며, 칭찬이나 격려를 통해 용기를 북돋아주면 더 좋습니다. 자기효능감을 잃지 않는다면 시간이 조금 더 걸리더라도 아이는 반드시 인생을 성공적으로 살아갈 것입니다.

작은 성공을 경험할 기회를
많이 만들어주세요

대체로 어른들은 아이들을 대할 때 나이와 경험이 많다는 이유로 자신의 가치관과 신념을 강요하는 경향이 있습니다. 또 권위를 이용해 아이를 통제하거나 지시하고 훈련하려 듭니다. "부모가 더 많이 알고 현명하다."라는 인식 때문입니다. 이러한 인식은 효과적으로 보일 때도 있지만 분명한 한계를 갖고 있습니다. 예를 들어 아이가 성장해 기본적인 보살핌이 필요 없는 시기가 되면 부모의 권위는 점차 사라집니다. 초등 4학년만 되어도 "아이가 말을 듣지 않고 반항하기 시작했어요."라고 말하는 엄마들이 많습니다. 이렇듯 아이가 엄마의 지시를 무시하고 제멋대로 행동한다면 엄마는 대혼란에 빠지게 됩니다.

자율성을 기초로 하는 성공 경험

　권위적인 힘에 의존하여 아이를 키우면 아이의 내면에 저항하고 반항하고 원망하고 화를 내는 등의 대항기제가 작동하게 됩니다. 엄마가 일방적으로 행동을 지시하고 제한하려 들면 당연하게도 아이는 화가 나거나 반발심이 생기기 마련이니까요. 그래서 옳은 말, 맞는 말도 잔소리로 여기게 되는 것이고요.

> **엄마**: 너 아직도 숙제 안 했지? 어느 정도 했는지 숙제 갖고 와봐.
> **아이**: 숙제하기 싫어요. 그냥 선생님한테 혼나고 말래요.
> **엄마**: 넌 누굴 닮아 그렇게 말을 안 듣니? 숙제 안 하면 컴퓨터 게임도 못 하게 할 거야.
> **아이**: 에이, 신경질 나!

　어릴 때부터 아이에게 자율성을 주고 정서적으로 충분히 수용하면서 비폭력적으로 대할 때 아이들은 변합니다. 즉각적으로 달라지진 않더라도 부모가 원하는 방향으로 행동을 바꿔야겠다는 열린 마음을 갖기 시작합니다. 특히 부모가 강압적인 태도를 내려놓고 아이에게 자유롭게 이야기할 수 있는 기회를 줄 때 갈등도 줄어들고 더 행복하게 성장합니다. 부모님 역시 마찬가지입니다. 권위를 내려놓고 아이들에게 상황이나 감정에 대해 솔직하게 이야기하며 소통할 때 끈끈한 신뢰감이 쌓일 겁니다.

> **엄마:** 엄마는 네가 숙제를 안 해서 선생님께 혼날까봐 걱정이 되는데.
>
> **아이:** 오늘 너무 피곤해요. 그래서 숙제하기 싫어요.
>
> **엄마:** 그래, 오늘 많이 피곤했구나!(감정을 수용하기) 그럼 좀 쉬었다가 간식 먹고 힘 좀 내서 해보렴. 그래도 너무 피곤하면 내일 선생님께 몸이 안 좋아서 못했다고 말씀 드려보자.
>
> **아이:** 네. (쉬고 간식 먹고) 이제 좀 나아졌어요. 할 수 있는 만큼은 해 볼게요.

아이가 자율적으로 수행한 일에서 작은 성공 경험이 모이면 아이는 자신감을 갖게 되고, 성공을 향한 신념과 태도를 지닙니다. 가까운 슈퍼에 가 직접 물건을 사 오는 일, 스스로 학교에 갈 준비를 하는 일, 할머니 생일선물을 혼자 준비해 보는 일은 아이가 쉽게 접할 수 있는 성공 경험의 예입니다.

엄마의 불안으로 미리 걱정해서 다 해주면 아이는 성공할 기회를 갖지 못하고 점점 의존하는 성격으로 바뀝니다. 어떤 분들은 안전에 대한 지나친 걱정으로 아이가 체험학습에도 참여하지 못하게 막고, 친구들과 어울려서 놀지 못하게도 합니다. 워낙 세상이 무섭고 불안한 곳이긴 하지만 이런 경우 대부분은 엄마의 기질이나 트라우마를 아이에게 전이시키는 것이 아닌가 자신의 마음을 되돌아봐야 합니다. 더 넓은 세상을 접하고 경험할 수 있도록 엄마가 가진 고정관념을 깨야 합니다. 아이를 온전히 믿고 맡기는 마음가짐이 필요합니다.

성공 경험과 자존감

뇌과학자들의 연구에 의하면 성공 경험을 하면 뇌에는 도파민이라는 물질이 분비되고 이 경험은 좋은 기억으로 저장된다고 합니다. 그 기억은 다시 새로운 행동을 하도록 하고, 그때 또다시 도파민이 분비되는 선순환이 반복됩니다. 이러한 과정에서 아이는 나의 다음 행동을 선택할 수 있다는 자신감이 생기고, 스스로를 성공으로 이끄는 사고방식을 갖게 되며 나아가 자존감으로 굳건히 자리 잡게 되지요. 본격적으로 성공 경험을 쌓을 수 있는 초등학교 시기가 매우 중요합니다. 이는 공부에 대한 관심과 도전으로 이어지거든요.

어릴 때 겪은 다양한 성공 경험은 초등학교 이후 공부와 밀접하게 연결됩니다. 많은 사람들 앞에서 노래하고 춤추는 것을 좋아하던 제 둘째 딸은 어릴 때부터 다양한 경험을 많이 해왔습니다. 사람들이 많이 모인 곳에서 자신의 무대를 선보이거나, 영어를 좋아해서 영어발표 대회나 캠프에도 참여해 사람들의 박수와 지지를 많이 받았습니다. 이런 경험들은 이후 공부 쪽으로 전이되어 고학년부터는 공부를 열심히 하더니 중학교 때부터는 좋은 성적을 받기 시작했습니다. 시험 기간에는 새벽까지 공부해 일찍 자라고 말릴 지경이었어요. 성적에 대한 목표를 가지고 공부하는 모습이 얼마나 기특하던지 부모로서 세상을 다 얻은 느낌이었습니다.

부모가 아이에게 스스로 문제를 해결하고 책임을 질 수 있도록 직접적인 개입이나 조언을 하지 않는 것은 아이가 자신의 능력을 최대한으로 사용해서 발달시킬 수 있도록 돕는 일입니다. 반면 부모가 강압적인 지침이나 즉각적인 해결책을 던져주는 것은 아이의 자율성을 방해해서 독립적으로 성장할 수 있는 기회를 박탈하는 것과 같습니다. 엄마가 아이를 자신의 소유물로 생각하여 행동을 제한하고 틀을 강요하면 반드시 역습을 받게 됩니다. 있는 그대로의 아이를 받아들이고, 스스로 성공을 경험할 수 있는 기회를 최대한 많이 제공할수록 아이는 가치 있고 행복을 느끼는 사람으로 자라게 되지요.

궁극적으로 엄마가 원하는 사람으로 키우는 것이 아니라, 아이가 원하고 자신이 되고 싶은 사람이 되도록 허용하는 것이 엄마가 가져야 할 최선의 태도라는 것을 기억하시길 바랍니다.

건강 관리,
넛지를 활용하세요

　5학년인 무진이는 공부보다 먹는 것에 더 관심이 많습니다. 학원에서도 쉬는 시간이면 가장 먼저 편의점으로 달려가 컵라면, 핫바 등 인스턴트식품을 사 먹습니다. 선생님께서 안타까운 마음에 "집에 가서 엄마가 해주는 음식을 먹어야지, 이렇게 인스턴트만 먹으면 어떡하니?" 물으면 무진이는 "집에 아무도 없어요. 학원 안 오는 날도 혼자 뭐 시켜 먹어요."라고 답합니다. 엄마는 바쁘셔서 제대로 돌봐주지 못하고, 무진이는 구미가 당기는 대로 사 먹다 보니 급기야 고도비만이 되어가고 있습니다.

올바른 식습관

비만인 아이들 중 대다수가 성장 과정에서 상처를 많이 받습니다. 친구들에게 놀림이나 따돌림을 당해 자존감이 낮아집니다. 하지만 비만인 아이가 정상적인 몸무게를 갖도록 도와주는 건 정말 어려운 일입니다. 이들은 음식에 관심이 많고, 먹고 있으면서 또 다른 음식을 확보하려는 특징이 있기 때문입니다. 뇌과학자들은 살이 찌면 우측 전두엽 등 뇌의 기능이 떨어져 조절 능력이 낮아진다고 말합니다. 살찐 아이들에게 "그만 좀 먹어라. 너무 뚱뚱하다." 이런 말로 간섭하고 강요하면 아이는 나아지지 않습니다. 오히려 성격이 더 나빠지고, 먹는 것으로 스트레스를 풀려고 합니다. 이럴 때 아이에게 상처와 스트레스를 주지 않으면서 자신을 돌아보고 현명한 결정을 하도록 돕는 방법이 있습니다. 그것이 바로 부드러운 개입, '넛지'입니다.

넛지(Nudge)는 2017년 노벨 경제학상을 수상한 시카고대학교의 행동경제학자인 리처드 탈러와 하버드대학교 교수인 캐스 선스타인이 쓴 책 『넛지』에서 나온 단어입니다. 넛지는 '슬쩍 찌르다'라는 뜻의 영어 단어인데, 이를 경제학적 의미로 해석하자면 '부드러운 개입'을 뜻합니다. 즉 넛지는 똑똑한 선택을 유도하기 위해 타인의 선택에 부드럽게 개입하는 거예요. 예를 들면 암스테르담공항에서는 남자 화장실 소변기에 파리 모양의 스티커를 붙여놓은 것만으로도 소변이 소변기 밖으로 새나가는 것을 80% 이상 줄일 수 있었다고 합니다.

만약 여러분의 아이가 비만이거나 나쁜 식습관을 가지고 있다면 다양한 아이디어의 넛지를 활용해 보는 것이 좋습니다. 먼저 선행되어야 할 일은 심리적인 허기가 생기지 않도록 아이의 마음을 가득 채워주는 것이지요. 어른도 그렇지만 아이들도 심리적인 문제를 해결하기 위해 음식을 찾곤 합니다. 또 요즘은 게임으로 공허감이나 무력감을 위로받으려 하는 아이들이 점점 늘어나고 있기도 하고요. 아이가 인스턴트 식품에 많이 노출되지 않도록 건강한 식단으로 간식이나 식사를 만들어주면 아이는 사랑을 느끼고 심리적인 포만감과 안정감을 느낄 것입니다. 돈으로 뭐든지 해결하려는 생각은 아이의 마음에 구멍을 더 크게 만드는 일이라는 걸 기억하시기 바랍니다.

그리고 아이가 자신이 먹은 것에 대해 자각을 할 수 있도록 도와주는 것도 방법입니다. 자신이 먹은 음식의 종류와 양을 체크하는 스마트앱을 활용하거나, 엄마와 함께 칼로리나 영양에 대해 공부하는 것도 좋고요. 자신이 먹은 음식을 적거나 칼로리를 계산하는 것만으로도 다이어트 효과를 얻을 수 있습니다. 아이들이 좋아하는 식판이나 작은 그릇을 활용하는 것도 좋습니다. 아이 스스로 재미를 느끼고 건강한 식습관을 기르도록 유도할 수 있습니다.

아이가 스스로 자신이 먹는 것에 대해 각성하고 조절하고 관리할 수 있을 때까지 엄마는 간섭이나 강요보다는 아이가 잘 느끼지 못하는 선에서 저절로 건강 관리를 할 수 있도록 넛지의 아이디어를 활용해 보시기를 바랍니다.

운동 습관

어렸을 때의 운동 습관은 아이의 평생을 좌우합니다. 건강관리는 물론이고 정서적인 안정감과 활기를 주기 때문에 많은 엄마들이 아이가 어렸을 때부터 운동을 많이 시킵니다. 그런데 보통 무슨 운동을 할지는 아이가 아닌 엄마의 의견이 우선되는 경우가 많습니다. 저는 아이의 특성을 고려하지 않은 채 엄마의 계획대로 아이를 끌고 갔다가 관계가 틀어진 경우를 많이 접했습니다. 엄마가 강압적으로 아이를 쥐락펴락하면 아이는 결코 행복할 수 없어요. 운동 역시 엄마 뜻대로 강요하면 아이는 즐겁게 참여할 수 없습니다. 제 아무리 재미있는 운동이라도 말이지요. 하지만 아이가 직접 무슨 운동을 할지 정하고 계획하면 책임감을 갖고 적극적으로 참여하려고 합니다.

운동을 좋아하지 않는 아이들에게도 넛지를 활용해 보세요. 보통 비만인 아이들은 몸을 움직이는 것을 싫어하고 한자리에 오래 앉아 있는 것을 좋아합니다. 그럴 때는 친구들과 게임을 통해 몸을 많이 움직이도록 하거나 스마트앱을 활용해서 재미있게 운동을 하도록 유도하면 좋습니다. 아이들은 한번 습관이 생기면 관성의 법칙에 의해 자연스럽게 운동을 하려고 합니다. 운동을 생활화하면 몸도 가벼워지고 활기찬 생활을 할 수 있게 됩니다. 요즘은 운동도 개인과외를 많이 한다고 합니다. 가정에 방문해 아이와 한 시간 동안 놀아주거나 운동을 시키는 프로그램이 유행이라고 해요. 예전에는 동네나 놀이터에서 자연스럽게 아이들끼리 어울려 운동도 하고 놀이도 했는데 점점 그런 문화가 사라지고 학원과 과외로 내몰리는 것 같아 안타깝습니다. 인위적인 활동보다는 자연스럽게 친구와 어울리면서 운동도 하고 놀이와 게임도 하는 등 건강한 습관을 기르면 좋겠습니다.

CHAPTER 5

엄마의 똑똑한 개입이
공부를 즐기는
아이로 만들어요

이렇듯 자신이 좋아하는 것을 하는 아이들은 기본적으로 자신감이 있을 수밖에 없습니다. 그 자신감으로 힘껏 몰입하여 원하는 것을 성취하고 역량을 키웁니다. 이런 일련의 경험이 아이의 시야를 트게 해 자기가 가진 역량을 기반으로 해 여러 분야로 관심을 확장하도록 돕습니다. 그 결과 공부까지도 잘할 수 있는 경지에 다다르게 되는 것이지요.

아이의 공부 역량을
최대로 키워주세요

엄마가 아이에게 관심을 덜 주려 해도 당장 눈앞에 보이는데 그게 가능할까요? 이제 어느 정도 자랐고 학교 선생님께 아이 교육의 일정 부분은 맡겨보려 했는데, 코로나19로 이마저도 막혀버렸습니다. 어쩔 수 없이 또 아이의 일거수일투족에 개입하게 됩니다. 또다시 엄마는 두 팔 걷어붙이고 아이 교육에 개입하기 시작합니다. 물론 교육만이 문제가 아닙니다. 아이가 일어나서 잠드는 순간까지 엄마의 손이 안 가는 순간이 없습니다.

아이랑 내내 씨름하다 보니 아이와의 관계도 악화되어 갑니다. 실제 아이와의 관계로 고민하는 부모님들이 정말 많습니다. 저는 그때마다 말씀드립니다. 엄마가 모든 것을 다 해주려고 하지 마세요. 집안일부터 시작해 점차 다양한 영역에서 아이가 책임을 갖고 행동할 수 있도록 역할을 나눠주세요. 자신이 할 일은 스스로 하도록 두고, 엄마는 아이가 도움을 요청할 때만 손을 내밀어주시면 됩니다. 엄마가 아이에게 일방적으로 명령이나 지시를 하는 것이 아니라 함께 소통하고 공감하며 각각의 과제들을 수행해갈 수 있게 한다면 더 좋겠습니다. 또 이번 기회를 통해 내 아이의 그릇에 당장 무엇을 담을까를 고민하기보다는 아이의 그릇을 확장시킬 수 있도록 역량을 키우는 데 관심을 가지시기를 바랍니다.

지식과 정보를 융합하는 힘

대통령직속 4차산업혁명위원회 자료에 의하면 '4차 산업혁명'이란 인공지능, 빅데이터, 초연결사회 등으로 촉발되는 지능화혁명 그리고 그 이상을 말합니다. 4차 산업혁명 시대가 다가오면서 급격하게 변화하는 미래를 이끌 인재를 길러내기 위해 교육부는 초중고 전 교육과정에 4C를 도입하고 있습니다. 여기서 4C는 비판적 사고 능력(Critical Thinking), 창의력(Creativity), 의사소통 능력(Communication Skill), 협업 능력(Collaboration)을 말합니다.

과거에는 지식과 정보를 암기하고 이해시키는 것이 교육의 목표였다면 지금은 새로운 문제나 상황에 빠르고 유연하게 대처할 수 있는 인재를 육성하는 것이 교육의 새로운 과제입니다. 이에 OECD에서는 2015년도부터 '교육 2030' 프로젝트를 진행했으며, 2019년 1주기 사업 결과물인 '학습나침반 2030'을 발표했습니다. 이 '학습나침반 2030'은 교육의 목표를 개인과 사회의 웰빙에 두고 있습니다. 특히 '변혁적 역량'을 강조하는데, 이는 새로운 가치를 창출하며 긴장과 딜레마를 조정하고 책임감을 갖는 능력을 말합니다. 다시 말하면 자신의 삶에 책임감을 갖고 나와 사회의 성장에 기여하는 '학생 행위 주체성'이라는 개념을 뜻하기도 합니다.

아이가 한 치 앞도 예측하기 어려운 미래에서 살아남으려면 이 시대가 요구하는 새로운 역량을 키워놔야 합니다. 그 대표적인 예로 대부분의 학교에서는 몇 년 전부터 학생들의 자율성과 창의적인 사고 능력을 키우고 잠재력을 끄집어내기 위해 학생참여중심 수업을 진행하고 있습니다. 이에 발맞춰 학교 현장에서는 교육과정을 재구성하고, 학생들의 흥미와 요구를 반영한 프로젝트 수업이 활발히 이루어지고 있지요. 프로젝트 수업의 과정은 다음과 같습니다. 자신이 탐구하고 싶은 주제를 선정한 뒤 해결방법을 선택하고 계획하는 과정을 통해 과제를 실행합니다. 마지막으로 나온 결과를 발표하고 이를 평가하는 과정을 거칩니다. 프로젝트 수업을 통해 아이들은 의사소통 능력과 비판적 사고력, 창의성과 협업 능력까지도 향상되는 결과를 얻었습니다. 가정에서도 역시 아이가 다양한 의견을 가감 없이 낼 수 있는 자유로운 분위기에서 지속적인 토론을 통해 창의적인 아이디어를 도출할 수 있도록 도와주시면 좋습니다. 불확실한 미래를 살아갈 아이들에게 진짜 필요한 것은 문제풀이를 반복하며 정해진 답을 찾는 공부가 아닌 다양한 지식과 정보를 융합해 최적의 답을 이끌어낼 수 있는 능력을 기르는 것임을 기억하시길 바랍니다.

아이의 역량을 키워주는 방법

　내 아이의 그릇, 즉 역량을 어떻게 키워줘야 할까요? 몰입과 독서에서 그 해답을 찾아보세요. SBS〈영재발굴단〉에 출연한 정신과전문의 노규식 원장은 자신이 만나본 영재들의 엄마에게서 한 가지 공통점을 발견했다고 합니다. 그건 바로 아이가 좋아하는 것, 재미있어하는 것에 집중할 수 있도록 도와준다는 사실입니다. 이들은 아이를 재촉하거나 간섭하지 않고 마음껏 몰입할 수 있도록 허용하고 기다려줍니다. 더 깊이 몰입할 수 있도록 재료도 제공하고, 재능이나 지식, 생각 등을 더 확장하게끔 지원해 주었습니다. 이렇듯 자신이 좋아하는 것에 집중해본 아이들은 기본적으로 자신감이 있을 수밖에 없습니다. 그 자신감으로 힘껏 몰입하여 원하는 것을 성취하고 역량을 키웁니다. 이런 일련의 경험이 아이의 시야를 넓혀 자기가 가진 역량을 기반으로 여러 분야로 관심을 갖도록 돕습니다. 그 결과 공부까지도 잘할 수 있는 경지에 다다르게 되는 것이지요.

그렇게 되려면 우리는 무엇을 해야 할까요? 우선 아이의 재능을 가장 잘 알아야 합니다. 아이가 흥미를 보이는 것, 좋아하는 것, 깊이 몰입하는 것이 무엇인지 관찰해 보세요. 그런 다음 지금 이것이 정말 좋아서 집중하는 것인지, 집중이 잘되는 이유는 무엇인지를 질문해 보는 겁니다. 그래야 정말로 아이의 흥미가 무엇인지 알아차릴 수 있어요. 아이가 무엇에 깊이 빠져드는지 알았다면, 다음은 좋아하는 것을 충분히 누릴 수 있도록 정보를 취합하세요. 역사 만화책을 읽을 때 가장 오랜 시간 몰입하는 아이라면 역사전시관이나 강연, 연극, 방송 프로그램 등을 찾아 함께 보면 더 좋습니다. 자신이 좋아하는 걸 엄마가 함께 좋아해 준다면 아이의 흥미는 크게 향상될 거예요. 그런 다음 이 관심을 다른 영역에도 적용하고 확장할 수 있도록 방향만 일러주시면 됩니다. 스스로 다른 영역으로 관심을 이어갈 수 있게 말이지요. 자기주도적으로 배우고 익히고 즐길 수 있는 장을 마련해 주는 것만으로도 엄마의 역할은 충분합니다.

예전에 TV 프로그램에서 버스 노선에 몰입하는 아이를 본 적이 있습니다. 버스 노선을 탐구하고 암기하는 능력이 가히 천재 수준이었지요. 이런 능력을 키우면 훗날 화학 기호를 외우거나 수학 공식을 외우는 것도 어렵지 않겠다는 생각이 들었습니다. 이 아이가 자기가 가진 역량을 갈고닦아 여러 분야에서 자유자재로 적용할 수 있도록 정서적, 물리적, 지적 환경을 제공해 주는 것이 바로 부모님, 주양육자의 역할입니다. 어른의 시선으로만 보면서 아이가 엉뚱한 놀이에 집착한다며 관심의 씨앗을 싹뚝 잘라버리지 않도록 주의해야 합니다. 그 안에 어떤 아이디어와 창의력이 숨어 있을지도 모르니까요.

책 읽는 습관 기르기

아이의 역량을 키우는 또 하나의 방법은 바로 '독서'입니다. 독서의 중요성은 이미 많은 분들이 알고 계시지요. 어릴 때부터 올바른 독서 습관을 기르면 아이의 지적 능력과 사고력이 향상됩니다. 어떤 과목이든지 문제를 제대로 '읽을 줄 아는 눈'은 필수인데, 책을 많이 읽은 아이들은 문장을 읽고 해석하는 데 큰 어려움을 겪지 않아요. 여기에 기초적인 학업 능력이 더해지면 시너지 효과가 일어나 좋은 성적을 받게 될 가능성이 높아집니다. 훗날 아이가 상급학교에 진학하거나 대학입시를 준비할 때 가장 필요로 하는 독해력의 기초도 다질 수 있게 됩니다.

그러면 아이에게 책 읽는 습관을 길러주려면 엄마는 무엇을 해야 할까요? 먼저 아이가 어릴 때 책 읽어주기를 게을리하지 않는 것이 좋습니다. 아이와 함께 책을 읽고 줄거리에 대해 대화를 나눠보세요. 늘 책을 가까이할 수 있도록 안정감 있는 공간과 환경을 조성해 주는 것이 가장 좋습니다. 예를 들어 아이가 저학년일 경우, 거실이나 공부방에 편안한 소파나 쿠션을 마련해 주거나 소형 텐트를 쳐 책 읽는 공간을 따로 만들어주면 흥미를 갖고 독서에 몰입할 수 있게 될 겁니다.

또 엄마가 일방적으로 책을 골라주지 마세요. 독서는 아이의 관심사에서 출발해 확장해 나가는 것이 가장 좋습니다. 엄마의 역할은 아이의 언어 수준을 파악한 뒤 아이가 이해할 수 있는 적정 수준의 책을 선별해 주는 정도면 충분합니다. 독서의 양이나 속도에 연연하지 말고 매일 조금이라도 규칙적으로 읽는 습관을 길러주는 것을 목표로 삼아야 해요. 만약 아이가 어릴 적에 책을 충분히 읽어주지 못하셨더라도 아직 개선할 시간은 있습니다. 초등 시기, 매일 규칙적으로 꾸준히 책을 읽어주는 시간을 가지면 됩니다. 짐 트렐리즈는 그의 책『하루 15분, 책 읽어주기의 힘』에서 부모가 아이에게 책을 읽어주면 아이와 책 사이는 '즐거움'이라는 끈으로 연결된다고 했습니다. 그렇게 되면 아이도 독서를 즐기게 되며, 배경지식이 쌓이고 어휘력이 늘어날 것이라고 합니다. 또 도서관이나 서점 나들이를 통해 책과 더욱 친해지도록 돕는 것도 좋습니다. 온 가족이 함께 책 읽는 시간을 갖거나 책과 관련된 체험학습 또는 재미있는 독후활동도 추천합니다. "네 생각은 어때?", "너라면 어떻게 했을 것 같니?"와 같은 열린 질문을 수시로 건네고 토론의 시간도 많이 가져보세요.

이처럼 초등학교 때까지는 아이가 자유롭게 책의 재미에 풍덩 빠져 놀 수 있도록 도와주시길 바랍니다. 이 시기에 아이가 읽은 것들은 장차 아이의 내적, 외적 성장에 큰 영향을 줄 것입니다.

올바른 습관을
길러주세요

담임을 오래 맡다 보면 아이들의 모습에서 생각보다 많은 것들을 발견하기도 합니다. 특히 저는 중간 놀이 시간이 끝난 뒤 다음 수업을 준비하는 아이들의 모습을 통해 그 아이의 미래를 상상해 보곤 합니다.

수업이 시작되기 몇 분 전부터 다음 수업 과목의 교과서와 공책을 준비하는 아이가 있는가 하면, 수업을 막 시작하려는데 "선생님, 화장실 다녀와도 돼요?" 말하고 다급하게 화장실로 달려가는 아이도 있습니다. 또 수업이 시작되고 나서야 사물함에 가서 교과서와 준비물을 찾는 아이들도 많아요. 그리고 틈만 나면 운동장에 나가 공을 차는 아이들이 있는가 하면 자리에 앉아 책을 읽는 아이들도 있습니다.

생활 근력을 키우는 습관: 준비와 정리

여러분의 아이는 학교에서 어떤 모습일지 상상해 보세요. 오랜 교사 경험에 의하면 수업이 시작되기 전, 교과서와 공책, 준비물을 미리 챙겨 바른 자세로 앉아 수업을 준비하는 아이들은 대부분 수업 태도도 좋고 집중력이 높으며 공부도 잘합니다. 반면 수업이 시작되기 직전까지 다음 수업에 대한 준비 없이 조금이라도 더 놀아보려고 하는 아이들은 그 흥분도가 가라앉고 수업에 집중하기까지의 시간이 많이 필요합니다. 공부에 쉽게 집중하지 못하고 흘려보내는 시간이 상당하지요. 이런 아이들은 좋은 성적을 받기가 정말 어렵습니다. 그렇기 때문에 초등 시기에 아이가 우선적으로 길러야 하는 태도는 바른 습관입니다.

특히 입학 전에 미리 준비하는 습관을 갖는 것이 좋습니다. 그러면 아이들에게 미리미리 준비하는 습관을 심어주려면 가정에서는 어떤 훈련이 필요할까요?

첫째, 수업 시작 전에 교과서와 공책 등 학습 준비물을 챙기는 습관을 길러주세요. 학교에서도 학년 초가 되면 준비하는 습관을 가르치는 선생님들도 종종 계십니다만 그보다 가정에서 미리 습관을 들여놓으면 더 쉽게 학교생활에 적응할 수 있습니다. 학교에 등교하면 먼저 수업시간표에 의한 순서대로 서랍에 교과서를 정리할 수 있게 지도해 주세요. 그렇게 하면 아이가 심리적 안정감을 느끼며, 논리적 사고력을 키우는

데도 도움이 됩니다. 저학년부터 엄마와 함께 집에서 놀이처럼 연습해 보면 좋습니다.

둘째, 수업 시작종이 치기 전에 자리에 앉는 연습을 해주세요. 쉬는 시간 이나 점심시간이 끝나갈 무렵 미리 시간을 체크하고 자리에 앉아 다음 수업을 준비하도록 하는 겁니다. 보통 학급에서 아이들을 집중시키고 자리에 앉히는 데만 많은 시간이 필요한 경우가 있습니다. 엄마들도 아이가 수업 시간에 집중할 수 있도록 미리 준비할 수 있는 습관을 길러주시면 좋습니다.

셋째, 사물함이나 신발장 등 자신의 물건을 바르게 정리할 수 있게 지도 해 주세요. 자기 물건에 이름을 쓰거나 사물함 속의 물건을 깔끔하게 정리하는 일은 불필요한 에너지를 줄이고 기억력을 향상시키는 데 도움을 줍니다. 초등학교 수행평가 중 많은 부분은 '태도'와 연관되어 있습니다. 신발을 가지런히 놓고 운동장에서 들어올 때 신발에 묻은 흙을 털고 들어오는 습관도 가정에서 반드시 가르쳐야 할 습관 중 하나입니다. 담임 선생님께서도 지도를 하지만 기본적인 것을 엄마가 미리 체크하고 습관화한다면 아이는 학급에서 친구들에게 호감 가는 이미지로 자리매김할 수 있습니다.

넷째, 책가방을 효율적으로 챙기도록 지도해 주세요. 매일 아침, 교문 앞에 서서 아이들을 맞이할 때마다 안타까운 것이 많은 책과 공책을 가방 안에 넣어 무겁게 들고 다니는 아이들을 보는 일입니다. 예를 들어 예체능 교과서는 굳이 집에 가져가지 않아도 되는데, 아무 생각 없이 가방에 넣고 다니거나 색연필, 사인펜 등 학습도구 등을 들고다니는 경우도 있어요. 담임 선생님의 지도하에 아이와 상의해서 가방을 효율적으로 챙기는 습관을 길러주시면 좋습니다. 한 번씩 아이가 가방을 어떻게 챙기고 있는지 질문하고, 스스로 고민하며 논리적으로 챙길 수 있도록 자극을 주는 것도 좋은 방법입니다.

공부 근력을 키우는 습관: 일기와 플래너 쓰기

공부에 도움을 주고 성적을 향상시키는 좋은 습관으로는 일기와 플래너, 복습노트 작성이 있습니다. 매일 하루를 계획하고 돌아보며 복습하는 습관이 형성되면 상급학교에 진학해서도 무리 없이 공부를 지속할 수 있는 힘이 생겨 아이의 평생 자산이 되어줄 것입니다.

일기 쓰기

먼저 일기 쓰기 습관의 중요성과 방법에 대해 설명하겠습니다. 초등학교 때 습관을 들이면 좋은 것 중의 하나가 바로 '일기 쓰기'입니다. 예전에는 학교에서 매일 일기를 검사한 뒤 빨간펜으로 피드백을 적어주던 때가 있었습니다. 저는 일기 검사에 특히나 열정적이었어요. 일기를 통해 아이들의 정서적인 동향을 살폈고, 아이가 겪는 어려움이나 힘든 점을 파악해 위로를 건넬 수도 있었습니다. 아이가 잘한 것에 대해서는 개인적으로 크게 칭찬해 주고 힘을 북돋아주려 애썼지요. 그런데 언제부터인가 일기 검사가 인권침해라고 하여 중단이 되었습니다. 교직생활 중에 겪은 가장 안타까운 일이기도 하지요. 그 이후로는 일기 쓰기를 강조하지 않다 보니 아이들의 글쓰기 실력이 차츰 저하되는 것 같다는 생각이 들었습니다. 물론 지금도 소신 있는 일부 선생님은 자율적으로 일기를 쓰도록 하고 피드백을 남겨주기도 합니다.

저는 아이들이 일기를 쓰는 습관을 갖는 것이 정말 중요하다고 생각합니다. 좋은 일이나 힘든 일, 기억해야 할 일이 있을 때 또는 감동적인 책을 읽었을 때와 같은 특별한 날에 일기를 쓰는 것만으로도 좋습니다. 겪은 것을 글로 정리하는 일련의 행위들은 아이의 사고력을 증진시키고 자신의 행동을 돌아볼 수 있는 기회를 갖게 만듭니다. 글쓰기 실력은 덤으로 얻을 수 있고요. 글쓰기는 사람이 살면서 자신의 감정을 표현하고 일을 해나가는 데 필수적인 능력입니다.

일기 쓰기가 습관으로 자리 잡을 때까지는 엄마가 도움을 주는 것이 좋습니다. 오늘 있었던 일 중 가장 기억에 남는 일은 무엇인지, 오늘 하루 기분은 어땠는지, 무슨 놀이를 했는지 등을 질문하는 시간을 통해 아이의 하루에 관심을 가져주세요. 일기 쓰기에 관한 계획이나 규칙도 아이가 정하고 일기를 쓸 공책이나 매체도 직접 선택하게 하면 좋습니다. 아이들은 자신이 결정한 일에는 대부분 책임감을 갖고 실천하려고 합니다. 요즘은 공책보다는 탭이나 컴퓨터 등에 일기를 쓰고 다양한 사진과 그림, 동영상 편집 등을 활용하여 개성 있게 표현하는 경우도 많습니다. 일부 엄마들은 노파심에 스마트폰이나 컴퓨터 등의 매체가 아이에게 무조건 해가 된다며 금지시키는 경우도 있는데, 생각의 전환이 필요합니다. 사회는 너무도 빠르게 변화하고 있고, 이런 매체들을 자유자재로 활용할 수 있는 능력은 곧 아이가 앞으로 살아가는 데 큰 도움을 줄 테니까요. 미래를 위한 좋은 무기가 될 것입니다.

복습 노트 쓰기

공부 잘하는 아이들 중 대부분이 그날 공부한 내용을 노트에 잘 정리하고 있습니다. 그날 배운 중요한 내용을 잘 정리하는 습관, 즉 복습하는 습관을 들이면 성적을 높이는 데 큰 도움이 됩니다. '에빙하우스의 망각 곡선'에 의하면 사람은 자신이 배운 내용을 1시간 후에는 50%, 1일 후면 70%, 6일 후면 80%, 한 달 뒤엔 90%를 잊는다고 합니다. 우리의 뇌는 학습한 내용을 기억 속에 저장하지 못하고 시간이 지나면서 점차 잊어버립니다. 그러나 기억한 것을 암기하며 적는다면, 즉 복습하게 되면 그것은 장기기억으로 저장됩니다. 어릴 때부터 복습하는 습관을 기른 아이들이 상급학교에 가서도 공부를 잘할 수밖에 없는 이유입니다.

저는 교사 시절에 아이들에게 노트 정리를 철저히 하도록 했습니다. 왼쪽부터 2센티미터를 띄운 뒤 자를 대고 줄을 그은 다음 날짜와 단원명, 주제명을 순서대로 씁니다. 그다음 옆에는 중요한 내용을 요약하고 정리하도록 했지요. 그런데 요즘 학반에서는 공책 정리를 잘

하지 않습니다. 대신 교과서를 사용하거나 학습지를 따로 만들어 활용하는 교사도 있습니다. 아이가 스스로 공부한 내용을 정리하고 복습하는 일은 무척 중요합니다. 모든 과목을 할 필요는 없고 국어, 수학, 사회, 과학, 영어 등 주요 과목을 중심으로 작성하는 정도로도 충분합니다.

플래너 쓰기

아이들이 공부를 못하게 되는 이유 중 하나가 자신이 공부를 많이 했다고 착각하기 때문입니다. 단지 수업을 듣고 왔을 뿐인데, 그 행위 자체를 자신이 공부를 한 것으로 결론짓고 '공부를 다 했다'고 판단하는 겁니다. 그러나 실제로 그 공부는 효용이 없습니다. 단기기억으로 머물다 사라지고 말아요. 장기기억으로 남게 하려면 반드시 스스로 공부하는 시간을 통해 내 것으로 만들어야 합니다. 또 아이들은 문제풀이를 많이 한 것 역시 공부를 충분히 한 것으로 오해합니다. 교과서를 통해 기본 개념을 이해하고 숙지하는 것이 우선이 되어야 하는데, 문제만 많이 풀면 사상누각이 되어버립니다.

이를 막으려면 공부 계획을 잘 짜야 합니다. 즉 학습 플래너를 작성해 보는 것인데, 이때는 먼저 그날의 공부 시간을 충분히 확보한 뒤에 공부할 양을 적습니다. 반드시 시간 중심보다는 과업 중심으로 짜는 것이 좋습니다. 플래너를 쓰고 매일의 학습 목표와 실행량을 체크하게 되면 공부 습관이 잡히고, 점차 공부에 재미를 느끼는 단계로 자연스럽게 넘어갈 수 있습니다.

여기에 복습 노트를 함께 쓰면 금상첨화겠지요. 시중에 판매되는 플래너에는 복습 노트가 포함된 것도 있고, 간단히 플래너로만 구성된 것도 있습니다. 어떤 것을 선택하든 아이의 성향과 취향에 맞는 것을 선택하시면 됩니다. 플래너와 복습 노트를 꾸준히 쓰게 되면 자신이 공부한 양을 돌아볼 수 있어서 성취감을 맛볼 수 있습니다. 그리고 시간 관리도 체계적으로 잘할 수 있게 되지요. 초등학교 저학년 때는 엄마가 옆에서 습관이 생길 때까지 체크해 주고, 고학년이 되면 아이가 자율적으로 플래너와 복습 노트를 작성할 수 있도록 관심을 가져주되 시시콜콜 간섭하는 일만 피하면 됩니다.

공부의 힘을
기르도록 도와주세요

얼마 전 TV에서 탤런트 겸 가수인 박정아 씨가 나와서 생후 21개월 된 딸에게 7첩 반상을 만들어 먹이는 장면을 보았습니다. 건강에 좋은 재료를 준비하는 것부터 직접 소스를 만드는 등 정성을 다해 준비하더군요. 더 놀라운 것은 아이가 엄마에게서 떨어지지 않으려고 하자 14킬로그램이나 나가는 딸을 왼손으로 안고 오른손으로 요리를 하는 장면이었습니다. 딸에 대한 극진한 사랑이 느껴졌습니다. 저라면 팔이 아파서도 그렇게 하지 못했을 거예요. 앞으로 박정아 씨가 얼마나 아이에게 정성을 쏟고 또 아이는 얼마나 건강하게 잘 자랄까 기대가 될 정도였습니다.

아이의 공부와 거리두기

아이를 향한 애틋한 엄마의 사랑이 지나친 개입으로 이어질 때 문제가 발생합니다. 아주 어린 아기는 엄마가 모든 것을 보살피고 도와줘야 하지만 아이가 성장함에 따라 엄마의 역할은 서서히 조력자로 옮겨가야 합니다. 특히 학습에서는 반드시 거리를 두는 것이 중요합니다. 엄마의 욕심이 아이의 학습에 끼어들기 시작하면 아이는 자유롭게 공부하는 것에 어려움을 느낍니다. 엄마는 아이가 마음대로 되지 않으니 화가 날 테고 윽박지르고 다그치게 되겠지요. 처음엔 아이의 공부에 관심을 갖고 도와주되 점차 스스로 공부할 수 있도록 관심을 덜어내야 합니다.

초등 저학년 때는 꼼꼼하게 기본 생활과 학습 습관을 바로 잡도록 가이드하고 중학년이 되면 스스로 공부하는 재미를 느낄 수 있게 가이드의 방법이 진화되어야 합니다. 고학년이 되면 아이에게 툭툭 건드려주듯 질문을 통해 스스로 성찰할 수 있도록 자극을 주는 선이면 충분합니다. "오늘 온라인 수업 어땠니?", "어려운 점은 없었어?", "빠진 것은 없니?"와 같이 관심을 갖고 있다는 것을 느낄 수 있는 정도로만 질문해 전체적인 상황만 체크해 주세요. 고학년으로 올라가면 계획을 세우는 것부터 실행하고 평가하는 것까지 혼자 할 수 있도록 힘을 실어주어야 합니다. 우리가 자전거를 배울 때 처음에는 조력자가 잡아주다가 서서히 아이가 감을 익히면 손을 떼는 것과 같은 이치입니다.

아이가 고학년이 되었는데도 엄마가 모든 것을 다 해주고 간여하려고 하면 문제가 생깁니다. 아이에게 헌신한다고 해서 문제가 다 해결되지는 않습니다. 하나부터 열까지 시시콜콜 지시하고 검사하고 비난을 퍼부으면 아이는 숨 쉴 곳이 없습니다. 아이가 힘들 때 엄마가 곁에서 힘이 되고 위로가 되어야 하는데 그 버팀목이 사라지는 것입니다. 이것이 엄마가 아이의 공부에 적당한 거리를 유지해야 하는 이유입니다. 주도적으로 자신의 생활과 학업을 이끌어갈 줄 아는 아이들이 장차 큰 그릇이 됩니다. 우리 아이에게 필요한 역량은 사회 속에서 삶을 살아가는 힘, 즉 문제해결력을 키우는 것임을 명심하시길 바랍니다.

공부의 이유 찾기

저는 가끔 엄마들에게 "아이가 왜 공부를 해야 한다고 생각하시나요?"라는 질문을 던집니다. 그러면 '더 잘 살기 위해서', '성공하기 위해서', '경제적으로 어려움 없이 살기 위해서', '언젠가 원하는 것을 할 수 있을 것 같아서', '기본적인 지식은 삶을 위해 꼭 필요하니까' 등 다양한 대답이 쏟아집니다. 특히 가장 많은 대답이 나온 것은 내 아이가 더 나은 삶을 살기 위한 도구로서 공부를 해야 한다는 의견이었습니다. 물론 틀린 답은 아닙니다. 그런데 아이들에게 엄마의 의견을 전하면 어떻게 생각할까요? 너무 막연한 미래의 일이라 흥미를 느끼지 않을 수도 있고, 관심을 갖지 않을 수도 있습니다.

아이들이 게임을 좋아하는 이유는 재미는 물론이고, 잘하는 만큼 새로운 도전을 할 수 있도록 다양한 아이템을 획득할 수 있기 때문입니다. 이처럼 아이들은 가시적인 효과가 있을 때 몰입하게 되고 계속하고 싶어 합니다. 그러면 공부에도 이렇게 눈에 보이는 목적의식을 갖게 할 수는 없을까요?

공부의 가장 궁극적인 목적은 생각하는 힘을 기르고, 살면서 일어나는 문제를 해결하는 힘을 기르기 위함입니다. 엄마의 욕심을 아이에게 투영하기보다는 아이가 스스로 공부해야 하는 이유를 찾을 수 있도록 아이와 많은 대화를 해보는 것은 어떨까요? "왜 공부를 해야 한다고 생각해?"라고 질문하고 "아, 그렇게 생각하는구나!" 아이의 말에 긍정적인 피드백을 해주면 좋습니다. 처음부터 완벽한 대답은 못 하겠지만 조금씩 공부의 이유를 찾아 나갈 수 있게 될 겁니다. 아이가 공부의 재미와 이유를 찾기 시작하면 공부가 재미있어집니다. 저는 중학교 때 공부의 재미에 흠뻑 빠졌던 것 같습니다. 열심히 노력한 만큼 좋은 성적이 나왔고, 시험이 기다려질 정도였어요. 엄마가 늘 "그만 자라." 하고 애원할 정도로 집중했던 것 같습니다. 작은 성공 경험이 반복되자 자존감이 높아졌고 공부가 즐거워졌습니다. 그때 저는 공부를 통해서 더 멋진 사람으로 성장하고 있다는 뿌듯함을 느낄 수 있었습니다.

얼마 전 초등학교 6학년인 지인의 아들 민석이가 게임에 빠져 지낸다는 소식을 들었습니다. 지인은 아들의 변화에 매우 힘든 시간을 보내고 있었습니다. 그런데 참 재미있었던 것은 민석이가 "나는 내가 공부할 이유를 찾을 때까지 공부를 하지 않겠어요."라고 선언을 했다는 사실입니다. 이 말을 듣자마자 저는 지인에게 "민석이는 가능성이 있는 아이에요. 어쩌면 엄마에게 도움을 요청하고 있는지도 모르겠어요. 대화도 많이 하면서 공부해야 하는 이유를 함께 찾아보면 좋겠네요." 라고 말했습니다. "나중에 커서 어떤 사람이 되고 싶니?" "민석이가 가장 좋아하는 게임 캐릭터에 대해 소개 좀 해줄 수 있어?" 당장 깨달음이 와서 공부를 시작하지는 않겠지만 엄마가 함께 고민하고 마음을 이해해 주는 것만으로도 민석이는 큰 힘을 얻게 될 것입니다. 민석이가 스스로 왜 공부를 해야 하는지 이유를 찾고, 그로 인해 공부의 재미를 느낄 수 있게 된다면 이후로는 하지 말라고 말려도 공부할 것입니다. 조금 늦게 가더라도 아이가 스스로 공부 동기를 갖고 깨달을 때까지 기다려줄 수 있는 엄마가 되어주시길 바랍니다.

온택트 수업을 위한 루틴

코로나19로 아이들은 학교와 학원도 갈 수 없고 오로지 집에서 혼자 공부할 수밖에 없게 되었습니다. 훗날 코로나가 이 땅에서 완전히 사라져버린다고 할지라도 앞으로는 자기주도적으로 공부를 이끌어가는 아이들이 두각을 나타낼 것이라는 사실만은 변하지 않을 것입니다. 엄마들은 이 기회를 아이의 공부습관을 살피고, 진짜 실력을 알아차리는 계기로 삼으셔야 합니다. 공부할 때 얼마나 집중하는지, 자세는 바른지, 막히는 문제가 생겼을 때 도움을 청하는지 혼자서 끙끙거리는지 등을 파악하셔야 합니다. 만약 아이에게 제대로 된 공부습관이 형성되지 않았다면 지금이라도 체계적인 루틴을 만들어 바른 습관이 자리 잡도록 도와주세요. 루틴을 만들 때는 아이와 상의한 뒤 그것을 계획표로 작성해 잘 보이는 곳에 붙여두면 됩니다. 그렇게 되면 온택트 수업 기간에도 생활이 쉽게 흐트러지지 않으며 규칙적이고 알찬 생활을 할 수 있게 될 거예요.

엄마가 늘 아이의 생활에 관심을 가지고 있다는 것을 보여주세요. 온택트 수업에 집중할 수 있도록 독립된 환경을 잘 갖추어주고 스마트기기도 한 번씩 체크하는 것이 좋습니다. 수업 시간을 잘 지키고 성실하게 참여하는지 관심을 두고 살펴보며, 수업 중에 유튜브나 게임을 하지 않도록 지도합니다.

또 가정에서 아이들을 지도할 때 매체에 너무 제한을 두지 않기를 바랍니다. 엄마들 중에는 스마트폰이나 컴퓨터로 학습을 하면 스마트기기에 의존하게 되거나 중독되진 않을까 하는 부정적인 생각을 많이 하십니다. 하지만 적절한 규칙을 만들어서 활용한다면 오히려 좋은 성과를 거둘 수 있습니다. 요즘 아이들은 유아기부터 영상 중심의 교육과 스마트기기를 활용한 교육에 많이 노출되어 무작정 제한하면 반항심을 부추기는 일이 될 수도 있습니다. 관계가 어긋나는 시발점이 될 수 있다는 말입니다. 그러니 가족회의를 통해 스마트기기 사용 규칙을 정해보세요. 무작정 막는 것보다 규칙을 통해 일관된 습관을 기르도록 돕는 것이 더 좋습니다. 그리고 이때는 아이의 의견도 함께 반영해 주시길 바랍니다.

온택트 수업 시 루틴 체크리스트 예시

순	구분	내용	평가(O)
1	07:30~8:00	잠자리 정리하기 씻고 평상복 갈아입기	
2	8:00~08:40	아침 식사, 양치	
3	8:40~09:00	온택트 수업 전 준비하기 - 교과서 시간표 순서대로 챙기기 - 컴퓨터 켜기 - 준비물, 학용품 챙기기 - 책상에 앉기	
4	09:00~12:00	온택트 수업 - 40분 학습하고 10분 쉬기	
5	12:00~13:00	점심 식사, 양치	
6	13:00~14:30	온택트 수업 - 40분 학습하고 10분 쉬기	
7	14:30~15:30	학습 플래너/복습 노트 정리	
8	15:30~16:30	놀이 및 휴식	
9	16:30~18:00	독서 및 과제	
10	18:00~19:00	저녁 식사, 양치	

엄마의 학습 코칭

초등 시기 공부습관을 들이는 것은 정말 중요합니다. 이때 아이가 중학교와 고등학교에 진학해 어떤 태도와 방법으로 공부하면 좋을지 미리 그려보면 지금 어떤 공부습관을 들여야 할지 길이 보입니다.

초등 저학년 때는 엄마가 학습 계획을 세우는 방법과 공부 방법을 알려주고 기본적인 태도와 습관을 기를 수 있도록 도와주세요. 하루에 독서는 몇 시부터 몇 시까지 하면 좋을지, 독서량은 어느 정도가 적당할지 아이와 함께 대화를 나눠보고 정하면 좋습니다. 아이의 발달 단계를 고려해 학년이 올라갈수록 자율적인 공부 시간을 30분씩 늘리는 연습을 해보시기 바랍니다.

공부의 양도 마찬가지입니다. 아이의 학습 시간에 비례하도록 정하는 것이 바람직합니다. 아이의 공부 시간은 학원이나 과외 시간을 제외하고, 스스로 학습한 시간만을 기준으로 해야 합니다. 혼자 공부하는 시간에 아이는 사고하고 배운 것을 이해하며 기억할 수 있습니다. 이것이 아이의 진짜 실력이 되는 것이고요. 자기주도학습이 습관화되려면 아이가 목표를 정하고 계획을 세우고 실천할 수 있도록 저학년부터 연습해 보는 것이 좋습니다.

초등 시기에는 선행학습보다 복습을 중심으로 공부 습관을 들이는 것이 좋습니다. 엄마의 욕심과 조바심에 학교에 입학하기 전부터 선행으로 미리 다 학습을 마치고 온 아이들이 꽤 많습니다. 이 아이들의 대부분은 수업시간에 미리 배웠다는 자만심 때문에 또래 아이들을 무시하거나 수업에 집중하지 못하고 분위기를 해칩니다. 그렇다고 해서 배운 것을 다 이해하고 있는 것도 아닙니다. 차라리 그날의 수업 목표에 맞게 복습 노트를 정리하는 것이 장기적으로 봤을 때 에너지 소모와 경제적인 낭비를 막을 수 있습니다. 또 공부 계획을 아이가 짤 수 있도록 기회를 주고, 언제 무엇을 어떻게 할지, 교재는 어떤 것을 고를지 아이에게 선택권을 주시길 바랍니다. 장기 계획과 단기 계획을 세우고 다른 친구들과 절대 비교하지 않습니다. 아이의 학습 수준에 맞게 학습량을 정하고 장기적인 관점에서 공부습관을 길러주세요.

아이가 공부를 싫어하거나 회피할 때는 아이 모르게 전략과 아이디어를 투입하는 것도 좋은 방법입니다. 아이가 자기주도적으로 공부를 하고 바른 행동을 했을 때 밝은 표정으로 칭찬하거나 맛있는 간식을 줌으로써 아이의 바람직한 행동이 강화되는 것을 심리학적 용어로 '정적 강화'라고 합니다. 아이들이 게임에 이기면 레벨업이 되거나 아이템을 획득하는 것도 정적 강화의 원리라고 할 수 있어요. "너는 공부는 안 하고 놀기만 하니? 빨리 네 방 가서 공부해."라고 잔소리를 하면 아이는 공부가 더 하기 싫고 회피하게 됩니다. 아이가 잘하는 모습을 보고 "네가 열심히 공부하는 모습을 보니 엄마가 너무 행복해지네."라고 인정해 주면 아이는 더 하고 싶어 합니다. 반면 '부적 강화'는 아이가 싫어하는 것을 제거해 바람직한 행동을 강화시키는 것입니다. 예를 들어 시험공부를 열심히 하는 아이를 위해 아이가 싫어하는 방 청소를 빼주는 것이지요. 때로는 부적 강화를 이용하는 것도 괜찮습니다

아이가 과제 해결을 할 때 엄마가 관심을 가진다는 것을 보여주되 대신 해주지 말고 아이가 힘들 때 도움을 요청하도록 기다려주세요. 답을 주지 말고 의논할 수 있는 분위기를 만들어주면 됩니다. 스스로 생각하고 연구할 수 있는 기회를 주되, 절대 대신 해결해 주지는 마세요. 공부법도 함께 찾아보자고 제안하세요. 대신에 정적 강화와 부적 강화 방법을 잘 활용해 보시길 바랍니다.

초등학교 평가, 이렇게 대비하자

초등학생의 성적과 평가는 구체적으로 점수화되거나 서열화되지 않습니다. 과정중심평가로 수업 시간의 활동 모습을 보고 평가하거나 수행평가를 통해서 평가하지요. 즉 지식, 기능, 태도 등을 종합적으로 평가하는 겁니다. 많은 엄마들이 내 아이의 성적이 어느 정도인지 무척 궁금해합니다. 선생님은 성적을 발표하지도 않았는데, 아이들끼리 쪽지시험이나 진단평가, 형성평가를 비교해 보고 순위를 정하기도 해요. 학기마다 내주는 생활통지표를 보면 너무 막연해 구체적인 평가 내용을 모르겠다고 하소연하는 엄마들도 계십니다. 기본적인 연산, 읽기와 쓰기 능력, 영어 실력 등 아이의 객관적인 등수를 알고 싶어 하시

는 거지요. 학교에서 성적이 구체적으로 제시되지 않는다고 해서 공부에 손을 놓고 계시면 안 됩니다. 때때로 아이가 기초적인 학력은 유지하고 있는지 점검해 보는 것이 좋습니다.

시도에 따라 다르기는 하지만, 각 교육청 홈페이지에 들어가면 기초학력을 테스트해 볼 수 있는 학업성취온라인 평가사이트가 있습니다. 경상북도의 경우는 '스스로 학업 성취 인증제'가 시행되고 있습니다. 초등학교 3학년부터 중학교 3학년까지 온라인을 통해 자신의 실력을 평가해 볼 수 있는데 초등학교 3학년은 국어와 수학, 초등학교 4학년부터는 국어, 수학, 사회, 과학, 영어 이렇게 5개 교과로 구성되어 기초학력을 지원하고 있습니다.

기초 학력 향상지원사이트인 '꾸꾸(Ku-Cu)'는 학습에 어려움을 겪는 학생의 지도와 지원을 체계적으로 실행할 수 있는 다양한 진단 도구와 보정학습 자료 지원 프로그램입니다. 만약 학생이 학습 및 학교생활에 심리적인 불편을 느끼거나 부적응 등의 문제를 갖고 있다면 이곳에서 심리검사도 받을 수 있습니다. 초등학교에서 중학교에 올라가면서 본격적인 입시 경쟁으로 내몰립니다. 아이들은 갑작스러운 성적표에 당황하거나 기가 죽을 수도 있습니다. 아이의 성적에 언제나 가능성이 있다는 것을 믿고 긍정적인 피드백을 통해 엄마는 아이의 잠재력을 끝까지 믿어주고 지지해 주는 조력자가 되어주시길 바랍니다.

아이의 판단과 선택을
존중해 주세요

　　최근 TV에서 육아나 교육과 관련된 관찰 프로그램이 방영되어 부모님들의 관심을 끌고 있습니다. 대부분 양육이나 교육 측면에서 부모와 아이의 의견이 충돌해 끝내 갈등 상황으로 이어지곤 하지요. 문제가 있는데 그 문제를 서로의 탓으로 떠넘기기 바빠 정작 자신의 잘못은 알아채지 못합니다. 하지만 영상을 보는 여러분은 아실 겁니다. 무엇이 문제인지를요. 전문가의 멘토링이 시작되면 부모와 아이의 관계는 180도 달라집니다. 결국 부모가 변하면 아이도 변합니다. 시청자는 방송을 통해 제3자의 시선으로 자신의 양육 및 교육 방식을 조망할 수 있게 됩니다.

잘못된 방식을 강요하면 문제가 발생할 수밖에 없습니다. 엄마들은 평소 자신이 고수하던 방식을 조망하려는 노력을 하셔야 합니다. 시야를 좀 더 넓게 그리고 더 멀리 보셔야 합니다.

문제 원인 파악하기

아이를 키우면서 문제에 부딪치면 정말 막막합니다. 무엇이 잘못되었는지, 어디서부터 잘못되었는지는 알 수 없고 감정이 앞서 자꾸만 아이와 어긋나게 되지요. 그럴 때는 몇 가지 원칙을 갖고 문제에 접근해 보는 것이 좋습니다. 그중 하나가 지금 소개하려는 '아이의 판단과 선택을 존중한다'는 원칙입니다.

떼를 쓰거나 짜증과 화를 내고 폭력을 가하는 것과 같은 행동에는 반드시 이유가 존재합니다. 그래서 아이의 문제행동을 해결하려면 먼저 아이의 속마음을 이해하려는 노력이 필요한 것입니다. 초등학교 2학년인 규민이는 책임감이 무척 강합니다. 하루는 친구 생일 파티에 다녀온 날 저녁이었는데, 숙제를 하다 말고 피곤했는지 엄마에게 짜증을 내는 것이었습니다. 이럴 때 보통 엄마들은 "그렇게 짜증내려면 숙제하지 말고 가서 자."라고 말씀하시지요. 그러면 아이는 더 짜증이 나고 그 짜증으로 인해 엄마와 다투는 패턴으로 흘러갑니다. 하지만 규민이 엄마는 달랐습니다. "규민이가 많이 힘들었나 보다. 지금 피곤해서 짜증이 나는데 숙제는 해야 되니까 힘들지? 무슨 좋은 방법이 없을까? 혹시 엄마가 도와줄 일은 없을까?" 엄마가 짜증의 원인을 찾아 공감하고 이해해 준다는 사실만으로 규민이는 기분이 한결 나아졌고, 숙제를 마치기 위해 마음을 다잡았습니다. 이렇듯 아이의 감정을 보듬어 준 뒤에 문제의 해결 방법을 몇 가지 안으로 제안하고, 그중에서 직접 선택하도록 하면 아이는 더 책임감을 갖고 행동하려 노력합니다.

평소 아이가 이해하기 어려울 만큼 신경질적이거나 화를 많이 내고 있다면 그동안 엄마가 아이의 감정을 잘 받아주지 않았던 건 아닌지 성찰해 보시길 바랍니다. 아이는 엄마의 거울입니다. 엄마가 아이에게 어떤 피드백과 반응을 해주었는지에 따라 아이의 온도가 달라집니다. 적극적인 사랑과 긍정적인 관심의 표현을 받고 자란 아이일수록 자존감이 높고 온화한 성향을 지닌 아이로 성장합니다.

책임감 키우기의 시작, 숙제

초등학교 입학 후 학부모님들께서 가장 신경 쓰는 것은 준비물 챙기기와 숙제입니다. 특히 많은 분들이 아이 숙제를 엄마 숙제로 인식하고 계십니다. 그래서 아이가 숙제를 다 하지 못하면 엄마가 대신 해주는 경우도 많습니다. 아이들도 이 사실을 인지하고 있습니다. 그래서 숙제를 빌미로 엄마에게 떼를 쓰며 원하는 것을 얻으려 합니다. 이런 상황이 반복되면 나중에는 아이 숙제로 인해 엄마가 스트레스 받는 이상한 현상이 벌어지게 됩니다.

엄마가 아이 숙제를 진두지휘한다는 것은 아이가 직접 판단하고 선택할 수 있는 기회의 싹을 자르는 것과 같습니다. 그렇게 되었을 때 가장 큰 문제는 아이가 자신이 중요한 존재라는 사실을 깨닫지 못하게 된다는 사실입니다. 책임감을 키우지 못하고 의존적인 성향으로 자랄 가능성이 높아집니다. '엄마가 다 해줄 건데, 게다가 나보다 훨씬 더 잘할 텐데' 이런 생각을 하는 아이는 자신이 굳이 노력을 해야 할 필요를 느끼지 못합니다.

숙제는 전적으로 아이의 몫으로 남겨두세요. 아이 숙제에서 손을 떼고 스스로 판단하고 선택하도록 두셔야 합니다. 자신의 책임을 다하지 못했을 때는 벌이나 불이익이 생기는 게 당연하다는 걸 어린 시절에 깨달아야 합니다. 엄마가 계속해서 아이의 숙제나 공부에 개입하면 아이는 자립심을 키우지 못하고 모든 결과를 엄마 탓으로 돌릴 수 있습니다. 물론 아이 혼자 해결하기 힘든 숙제라면 엄마의 도움이 필요합니다. 아이가 혼자 해결하지 못하고 끙끙거리다가 도움을 요청하면 그때 도움의 손길을 내밀어주세요. 즉, 아이가 직접 할 수 있는 것까지 손을 대서는 안 된다는 것이지, 아예 손 놓고 방관하라는 것은 아니라는 것을 기억하시길 바랍니다.

숙제와 관련하여 엄마들과 상담하면 빠지지 않는 질문이 있습니다.

"어떻게 해야 아이가 책임감을 갖고 숙제를 하게 될까요?" 이럴 때는 '빈도가 높은 행동은 빈도가 낮은 행동에 대해서 강화력을 갖는다'라는 '프리맥의 원리(Premack Principle)'를 활용하면 좋습니다. 이것은 미국의 심리학자 프리맥(David Premack)이 실험을 통해 찾아낸 것으로 교육심리학에서 아이의 행동 수정을 위한 방법으로 이용되는 이론이기도 합니다.

예를 들어 초등학교 3학년인 한동이가 재미있어서 자주 하는 활동은 레고 조립과 체스 게임입니다. 반면 재미는 없지만 의무적으로 하는 활동은 수학 숙제이고요. 이럴 때 엄마가 "만약 오늘 수학 숙제를 열심히 하면 레고 조립이나 체스 게임 중 하나를 1시간 동안 원 없이 해도 좋아."라고 하면 한동이는 신이 나서 수학 숙제를 시작할 겁니다. 레고 조립이나 체스 게임을 할 수 있다는 사실이 한동이에게는 수학 공부를 즐겁게 할 수 있는 에너지로 쓰입니다. 이를 위해서는 평소 아이가 어떤 활동에 에너지를 쏟는지, 무엇을 할 때 눈빛이 초롱초롱 빛나는지를 잘 관찰해야 합니다. 그런 다음 행동수정이 필요할 때 아이가 좋아하는 것을 제안해서 선택하도록 하면 되지요. 다시 말해 아이가 좋아하는 것을 알아낸 뒤 아이가 싫어하는 학습을 할 때 활용해 보는 것입니다.

아이가 자신에게 잠재된 능력을 믿고 스스로 판단하고 선택하도록 하는 것은 나아가 아이의 성장을 돕고 책임감을 향상시킵니다. 이때 아이는 자신만의 세계를 가지고 건강하게 성장합니다. 아이가 생활 속에서 자신의 나이와 발달 단계에 맞는 판단과 선택을 할 수 있는 연습을 할 수 있도록 엄마가 장을 열어주어야 해요. 엄마의 태도에 따라 아이는 스스로 자신을 능력 있고 책임감 있는 존재로 여길 수 있게 되니까요.

스스로 잘하는 아이들

스스로 절실함을 가지고 필요성과 목표를 달성하기 위해 행동하는 사람과 다른 사람이 시켜서 억지로 하는 사람의 행동은 360도 다릅니다. 전자의 눈빛은 반짝이고 생기가 넘치는 반면 후자의 모습은 굳이 이야기하지 않아도 짐작이 가실 거라 생각합니다. 오로지 자식을 위해 이 세상에 존재하는 사람처럼 아이에게 목숨을 거는 엄마들이 많습니다. 아이의 일거수일투족에 간여하고 아이가 미처 생각하지도 못한 것까지 준비해 안겨줍니다. 아이에게 직접 할 수 있는 시간과 공간을 잘 내어주지 않아요. 그러다 보니 아이들은 점점 자신이 해야 할 일까지도 엄마에게 의존하여 스스로 할 수 있는 능력을 상실하고 맙니다.

등교 지도를 하다 보면 아이는 느긋한데 동동거리며 아이의 준비물을 챙겨 오는 엄마들이 계십니다. 엄마의 할 일과 아이의 할 일을 구분 짓고, 아이가 씩씩하게 생활할 수 있는 능력을 키우도록 경계를 그

어야 하는데 그러지 못하는 엄마들이 너무나도 많습니다. 어릴 때부터 엄마가 아이 대신 다 해주면 많은 문제가 발생합니다.

첫째, 아이의 자발성이 결여되어 의존하는 성격으로 바뀌게 됩니다. 즉, 문제해결력이 떨어집니다. 이 문제는 아이가 고학년이 되는 순간 공부와도 직결됩니다. 어려운 문제에 직면하면 해결하기보다는 평계를 대고 회피하는 성향으로 바뀌거든요. 둘째, 어려움이나 힘든 일을 극복하려 하지 않습니다. 쉽게 좌절하고 절망에 빠져요. 다른 말로는 회복탄력성이 낮다고 할 수 있습니다. 셋째, 아이가 자신을 믿지 못하고 남도 믿지 못하게 됩니다. 스스로 위축되어 자신감을 잃습니다.

아직 어린 아이라면 스스로 할 수 있는 것들이 많지 않을 거예요. 작은 것부터 하도록 지도해 주시면 됩니다. 아침에 스스로 일어나기, 시간 맞춰 등교하기 등 별것 아닌 것 같지만 매일 같은 루틴으로 반복되는 일들부터 몸에 익히도록 하세요. 학교는 하루 이틀 늦게 간다고 해서 큰일 나는 거 아닙니다. 고정관념이나 강박을 버리고 아이 스스로 할 수 있도록 분위기를 조성해 주는 것이 당장 지각을 면하는 것보다 더 가치 있는 일입니다. 아이는 이러한 경험을 통해 자신의 행동을 교정해 나갈 수 있습니다.

학교에서 필요한 준비물을 챙길 때도 마찬가지입니다. 준비물을 깜빡 잊고 가면 혼이 날 수도 있겠지만 일단 지켜봐 주는 것이 좋습니다.

엄마가 마음이 급해서 다 챙겨주면 결국 더 큰 문제로 이어지게 될 것입니다. 평소 아이가 학교에서 돌아오면 다음 날 챙겨야 할 준비물들을 미리 준비하는 것이 습관이 될 수 있도록 약간의 가이드만 해주시면 충분합니다. 습관이 완전히 자리 잡을 때까지는 "내일 준비물은 잘 챙겼니? 엄마가 뭐 도와줄 것은 없을까?" 하고 질문해 주는 정도가 좋습니다. 그렇지 않으면 당일 아침, 준비물이 없다며 집 안을 발칵 뒤집어 놓을지도 모릅니다. 저 역시 제 아이들이 직접 자신의 준비물을 챙기도록 하고 일절 개입하지 않았습니다. 처음에는 종종 준비물을 빠뜨리더니 고학년이 되어서는 척척 잘 챙기더군요. 당연히 자신이 할 일로 여기고 계획성 있게 책임감을 갖고 준비물을 챙기는 아이들 덕분에 저도 제 시간을 누릴 여유가 생겼고요.

담임 선생님과도
거리 조절이 필요합니다

"예전에는 몰랐는데 아이를 학교에 보내고 나니 학교 문턱이 너무 높아요."

"담임 선생님이 너무 어렵고 조심스러워요."

엄마들과 면담을 하다 보면 많은 분들이 학교에 찾아오거나 담임 선생님을 만나 상담하기를 부담스러워한다는 것을 느낍니다. 아마도 자신의 말이나 행동 때문에 아이에게 안 좋은 영향이 갈까 봐 두려워하시는 것 같아요. 아이들의 학교가 부모가 편안하게 드나들 수 있는 곳이 아니라는 고정관념도 있는 것 같고요. 이 문제를 해결하기 위해 일부 학교에서는 학부모가 수시로 드나들고 사용할 수 있는 교실을 따로 만들기도 했습니다.

담임 선생님과 관계 맺기

학교 교육은 교사와 학부모, 지역사회가 함께 유기적인 관계를 맺으며 활동을 해나가야 완성됩니다. 선생님과 학부모는 '아이의 행복한 삶을 위한 교육'이라는 공동 목표를 갖고 있지 않나요? 선생님과 학부모가 서로 돕고 친밀한 관계를 맺는 것은 아이의 정서발달을 위해서도 무척 좋습니다. 그렇다고 열일 제쳐두고 학교에 찾아와 사사건건 개입하라는 뜻은 아닙니다. 심리적으로라도 학교 교육에 참여하고 선생님을 지원해 주길 바라는 마음에서 드리는 말씀입니다.

제 주변의 엄마들은 교장인 제게 아이의 담임 선생님과의 관계와 관련하여 많은 질문을 하십니다. 담임 선생님께 너무 연락을 안 하면 아이 교육에 관심 없는 엄마로 보일 것 같고, 그렇다고 자주 연락하게 되면 사사건건 간섭하는 엄마로 보일 것 같다는 거지요. 담임 선생님과의 연락, 대체 적당한 선이 무엇인지 많이들 궁금해하십니다. 그중 자주 듣는 몇 가지 질문을 추려 답변해 드리도록 할게요.

"담임 선생님께 연락할 때는 전화가 좋을까요, 문자가 좋을까요?"

긴급한 상황이 아니라면 문자가 좋습니다. 대신 기본적인 예의는 갖추셔야 합니다. '안녕하세요? ○○ 엄마입니다. ○○이가 오늘 열이 나서 병원에 들렀다 가야 할 것 같아요. 오전 10시까지는 학교에 보내겠습니다. ○○ 엄마 드림' 모두가 그런 것은 아니지만 선생님들 중에는 엄마들과 직접 대면하거나 통화하는 것을 부담스러워하는 분들도 계십니다. 10년 전만 해도 문자보다는 통화하는 것이 당연했는데, 세대가 바뀌어 요즘 선생님들은 전화보다 문자로 소통하기를 선호하는 추세가 되었어요. 선생님들의 하루 일정이 매우 바쁘게 돌아가기 때문에 문자가 효율적일 수도 있고요. 하지만 위급한 상황이거나 급하게 선생님과 의논할 일이 생겼다면 당연히 직접 통화하는 것이 좋습니다.

그런데 최근 선생님들의 번호가 학부모들에게 노출되면서 여러 문제가 발생하고 있습니다. 그래서 1년간 가상번호를 대여해서 쓰는 '교사 안심 번호' 서비스를 사용하는 선생님도 계십니다. 해당 번호는 담임을 맡는 1년 동안에만 학생들에게 노출되고, 그다음 해에는 새로 바뀐 번호로 안내됩니다.

"담임 선생님이 마음에 안 들어요."

간혹 담임 선생님이 마음에 안 든다고 아이 반을 바꾸어 달라는 민원을 제기하는 엄마들을 만납니다. 이런 경우 기본 원칙에 따라 '안 됩니다'라는 답변을 드릴 수밖에 없습니다. 보통 아이들의 반은 각 학교가 만들어놓은 규정에 의해 미리 편성을 해두고, 새 학년이 되어 선생님들이 부임해 오면 봉인된 반의 봉투를 선택하게 해서 담임을 정합니다. 한번 정한 반은 1년 동안 지속되는데, 이런 원칙에 따라 정해진 반이 개인 사정에 따라 바뀌기 시작하면 걷잡을 수 없는 혼란이 생깁니다. 그래서 학교에서는 반을 바꾸는 일은 거의 없지만, 간혹 법적인 문제가 개입될 경우에는 담임 선생님이 바뀌기도 합니다.

선생님마다 개성도 다르고 교육철학도 다르고 학급 운영 방식도 다릅니다. 담임 선생님과 1년 동안 생활한다는 것은 그 반의 세계로 들어가는 것과 같습니다. 엄마들에게 당부하고 싶은 말은 그런 인연으로 맺어진 담임 선생님과의 만남을 되도록 긍정적으로 생각해 달라는 것입니다. 어떤 엄마는 제게 "담임 선생님이 마음에 안 들어 죽겠어요. 선생님의 행동이 이해가 안 될 때가 한두 번이 아니에요."라고 민원을 제기한 적도 있어요. 그럴 때마다 저는 "선생님의 부정적인 면보다 긍정적인 면을 더 많이 봐주세요."라고 당부하곤 합니다.

저는 교사 시절에 무척 엄한 선생님이었습니다. 주어진 목표나 활동에 도달하지 못하는 아이들은 저 때문에 스트레스를 많이 받았을 것 같아요. 자유분방하고 규칙적인 생활을 힘들어하는 아이들은 숨이 막혔을 수도 있고요. 그렇지만 제 주특기인 글쓰기 영역에서만큼은 탁월한 능력을 발휘했습니다. 수업 시간이나 방과 후 시간에 얼마나 열정적으로 지도했는지 제게 배운 아이들은 동시, 산문, 일기, 편지, 독후감 등과 같은 글쓰기는 똑 부러지게 잘했거든요. 저희 반 아이들이 다른 반 아이들보다 글쓰기를 잘한다면서 학부모님들이 무척 좋아하셨던 기억이 납니다.

이렇듯 선생님마다 좋아하는 영역과 특기가 있습니다. 운동을 좋아하고 잘하는 선생님, 음악적 재능이 뛰어난 선생님, 과학과 정보에 능통한 선생님 등 다양한 영역에 특징이 있어요. 이런 선생님들과 1년간 함께 생활하면 아이도 많은 도움을 받을 수 있으며, 역량이 개발되기도 합니다. 담임 선생님과의 1년을 긍정적인 마음으로 받아들이고, 존중해 주세요. 아이에게도 분명 도움이 될 겁니다. 엄마가 선생님을 존경해야 아이도 선생님을 존경하고 잘 따릅니다. 그러면 아이는 공부도 더 잘하게 됩니다.

"아이가 담임 선생님과 갈등이 있어요. 어느 정도 개입하는 것이 좋을까요?"

선생님과 아이의 관계에서는 가급적 거리를 두고 중립적인 태도를 취하는 것이 좋습니다. 사례에 따라 다르겠지만 쉽게 풀릴 일도 엄마가 개입하는 순간 눈덩이처럼 커질 수 있기 때문입니다. 물론 인권에 문제가 있거나 부당한 사건이 있다면 반드시 개입하셔야 합니다.

제 후배는 지금 3학년 담임을 맡고 있는데, 그 반에 자주 이상 행동을 하는 남자아이가 있다고 해요. 어느 날 친구와 다투다가 선생님 앞에서 책상을 뒤집어 엎고 욕을 했대요. 결국 교감 선생님의 중재로 아이를 간신히 진정시켰는데 당시 제 후배도 적잖은 충격을 받았다고 합니다. 이런 상황을 아이의 엄마에게 알리자 그 엄마는 "왜 우리 아이만 미워하느냐? 당신은 교사 자격이 없다."라면서 오히려 후배를 공격했습니다. 그 이후 아이 엄마는 학교에 찾아와 담임을 교체해 달라고 민원을 넣었어요. 아이의 말만 듣고 아이 감정에 이입되어 더 화가 나셨던 게 아닐까 싶습니다. 아이의 행동에 대해 거리를 두고 지켜본 뒤에 객관적인 입장에서 아이를 훈육하고 왜 그럴 수밖에 없는지 알아내 마음을 보듬어주셨더라면 더 좋았을 것 같은데 말입니다. 아무튼 그 일로 제 후배는 충격을 받고 너무 힘들어하다가 정신과 상담까지 받게 되었습니다.

요즘은 선생님을 찾아와 폭력을 행사하는 학부모와 학생들도 드물지 않습니다. 학교에는 '학교교권보호위원회'라는 제도가 있어서 교육활동 침해 사안이 발생할 경우 보호받을 수 있도록 조치하고 있습니다. 선생님과 아이 사이에 갈등이 생겼을 때는 너무 깊이 개입하지 말고, 아이가 이겨내도록 지켜보는 것도 중요합니다. 그 대신에 내 아이의 잘못된 행동에 대해서는 경계를 분명하게 제시해 주고 훈육을 해주어야겠지요. 선생님과의 갈등이 엄마 입장에서는 마음 아프고 안타깝겠지만 이 또한 아이가 성장할 수 있는 좋은 기회라고 생각하시길 바랍니다.

담임 선생님과의 연락 노하우

엄마와 담임 선생님과의 관계는 아이를 중심으로 맺는 매우 귀한 인연입니다. 서로 긍정적인 에너지를 주고받아야 아이들에게도 그 기운이 전달됩니다. 선순환이 계속되는 것이지요. 제게는 20년 넘게 연락하고 지내는 학부모님이 계십니다. 선생님과 학부모의 관계를 넘어 서로의 삶의 방식을 통해 배움을 얻는 관계로 소중한 인연을 이어가고 있습니다. 담임 선생님과 좋은 관계를 유지한다는 것은 아이에게 심리적인 안정감을 주고 좋은 에너지를 주는 첫걸음이 아닐까 생각합니다. 이러한 좋은 관계를 잘 이어가기 위해 알아두면 좋을 몇 가지 연락 노하우를 알려드리려 합니다. 참고하셔서 좋은 인연 계속 이어가셨으면 좋겠습니다.

선생님과의 통화, 밤늦은 시간은 피해주세요. 어떤 엄마들은 밤늦은 시간에 선생님이 전화를 받지 않는다고 교장인 제게 찾아와 항의하는 분도 계십니다. 그런데 그 선생님은 아기가 어려서 아기를 재우기 위해 본인도 일찍 잠을 자고 새벽에 일찍 일어나는 습관이 있는 분이셨어요. 선생님도 사생활이 있으니 다급한 일이면 몰라도 밤늦은 시간에는 연락을 하지 않는 것이 좋습니다.

선생님과의 통화나 상담 시간은 문자로 예약을 잡아주세요. 물론 문자도 너무 늦은 시간에 보내는 것은 실례입니다. 특별하고 긴급한 일이 아니면 문자를 보내 전화할 수 있는 시간이나 방문 시간에 대해 선약을 하는 것이 좋습니다. 아이들을 가르치다 보면 정말 정신이 없고 시간이 부족합니다. 수업을 마친 뒤에는 학교에서 회의가 있거나 잡무로 바쁠 수도 있어요. 그러니 상담을 하고 싶다면 예약을 하는 편이 더 좋겠습니다.

아이와 관련한 선생님의 의견을 수용적인 태도로 경청해 주세요. 선생님이 아이에 대한 관찰 내용이나 행동에 대해 이야기했을 때 일부 엄마들은 아이 말만 믿고 선생님 말에 강력하게 반박하는 경우가 많습니다. 아이들은 집과 학교에서의 행동이 다를 수 있어요. 수용적인 태도로 선생님의 의견을 받아들이고 객관적인 시선으로 아이를 되돌아볼 수 있는 시간을 가지셨으면 좋겠습니다. 그래야만 아이가 더 발전적으로 변화할 수 있습니다. 선생님과 적대 관계를 갖기보다는 내 아이를 사랑하고 잘 성장시키기 위해 함께 노력하는 사람이라는 것을 알아주시기를 바랍니다.

친구 문제에 개입하지 말고
서로 협력하도록 도와주세요

엄마들에게 아이를 학교에 보내면서 가장 걱정되는 것이 뭐냐고 물으면 의외로 가장 많이 하는 답변이 "친구들과 잘 지낼 수 있을지 걱정이 돼요."라는 말입니다. '내 아이가 친구들과 잘 어울리지 못하고 왕따를 당하면 어쩌나?' 하고 걱정하는 것이지요.

그동안의 경험에 의하면 대략적으로 반에서 10~20%의 아이들이 또래 관계를 힘들어합니다. 하루 종일 친구들과 말 한 마디 안 하고 지내는 아이도 있어요. 이유를 물어보면 "친구들이 나를 싫어해서 놀아주지 않아요."라고 말하는 아이도 있고, 처음부터 입을 닫고 말을 하지 않는 아이도 있습니다.

학교 가기 싫다고 말하는 일부 아이들의 이야기를 들어보면 또래 관계에서 오는 갈등이 원인인 경우도 많습니다. 시기 질투가 많은 아이들은 패를 갈라서 경쟁하거나 싸우는 경우도 적지 않아요. 특히 고학년들은 보이지 않는 곳에서 왕따를 시키기도 합니다. 그래서 담임 선생님은 아이들의 관계에 신경을 많이 쓰고 혹여나 피해를 입는 아이가 생기지 않도록 노력해야 하지요.

아이의 친구 관계 개입 방법

만약 아이가 "학교 가기 싫어요."라고 말하면 먼저 친구 관계에 문제가 없는지 살펴보아야 합니다. 평소 친구와의 관계가 원만한지도 체크하면 좋습니다. 친구와의 관계를 통해 타인에게 너그럽게 베풀 수 있는 아이로 성장하도록 도와주세요. 좋은 인성과 리더십은 미래에 꼭 필요한 역량 중 하나이기 때문입니다. 그러면 이번에는 친구 관계에 엄마가 어떻게 개입하면 좋을지 알아보겠습니다.

첫째, 친하게 지내는 친구에 대해서는 직접적으로 개입하지 않는 것이 좋습니다. 보통 엄마들은 내 아이가 착하고 공부 잘하는 아이와 친하게 지내기를 바랍니다. 가끔 "누구랑은 놀지 말고 누구랑은 친하게 지내라."하고 정해주는 분들도 계십니다. 자의식이 강한 아이들은 엄마의 말에 반항을 하거나 더 친하게 지내는 경우도 있고, 엄마 말은 고분고분 듣지만 마음속으로 저항감을 갖고 있는 아이도 있습니다. 오히려 역효과가 생기는 것이지요.

아이들을 관찰해 보면 이 친구와 친하게 지냈다가 잘 맞지 않으면 저 친구와 친하게 지내는 등 가르쳐주지 않아도 스스로 관계를 조율하면서 생활합니다. 아이들은 학급 내에서 또는 또래 관계에서 소속감과 자존감을 유지하는 것을 매우 중요하게 생각합니다. 특히 초등학교 고학년 시기에 아이의 상황을 잘 모르고 엄마가 '이래라 저래라' 하고 친구 관계에 개입하면 욕구불만으로 이어져 공부를 안 하고 반항을 할 수도 있습니다. 아이의 친구 관계에 관해 대화의 물꼬를 틀고 싶다면 "요즘 친하게 지내는 친구는 누구야? ○○이가 좋아하는 친구들이 어떤 친구인지 엄마도 궁금하네.", "그 친구의 어떤 점이 마음에 들었니?", "그 친구는 네게 어떤 도움을 주니?" 등을 질문해 보세요. 엄마의 질문에 대답하다 보면 아이도 스스로 깨닫습니다. "그 친구는 어떤 점이 참 좋은데 이런 면은 좀 걱정이 돼. 넌 어떻게 생각하니?"와 같이 열린 질문을 던지고 엄마와 소통하다 보면 친구와의 관계에 대해 성찰하고 긍정적인 방향으로 변화될 가능성이 열립니다.

둘째, 아이들끼리의 문제는 아이들끼리 해결하도록 기다려주세요. 아이가 크면서 사회생활의 반경도 넓어지고 점차 관계에서 오는 갈등을 겪게 됩니다. 그럴 때마다 엄마가 개입하면 문제해결력을 기르기는커녕 점점 의존형 아이가 됩니다. 책임도 미루게 되지요. 게다가 갈등이 엄마들에게 전이되어 심각한 문제를 만들기도 합니다.

몇 년 전, 3학년 학급에서 학교폭력이 일어난 적이 있습니다. 다영이와 진주가 놀다가 얼굴을 할퀴고 싸우게 되었어요. 싸움의 원인은 다영이가 진주를 따돌렸다는 것이었습니다. 아이들도 자신의 잘못을 알고 반성하는 능력을 갖고 있습니다. 아이끼리의 싸움을 좀 더 지켜보고 알아서 해결하도록 두었다면 좋았을 텐데, 이는 결국 엄마들의 감정싸움으로 번졌지요. 예전부터 이 두 친구의 엄마들은 친한 사이였는데, 아이 싸움이 엄마 싸움으로 번져 서로 억울하다고 번갈아가며 교장실로 찾아와 하소연을 했습니다. 두 엄마는 한 치의 양보도 없이 자신의 입장만 고수했어요. 결국 학교폭력위원회에까지 갔고, 서로 상처를 주고받으며 관계가 악화되었습니다. 아이들끼리의 문제는 먼저 아이들끼리 해결할 수 있도록 기다려주세요. 정 해결이 안 되면 그때 나서도 늦지 않습니다. 또 학교에서도 원만하게 해결하려고 노력하니 학교를 믿고 너그러운 마음으로 이해해 주시면 좋겠습니다.

셋째, 자연스럽게 다양한 친구들을 만날 수 있는 기회를 만들어주세요. 평소에 만나는 친구 외에 많은 친구들을 만나게 되면 사회성 발달에도 좋고 사고의 폭도 넓어집니다. 청소년 단체 활동이나 캠프에 참여하게 해주는 것도 좋아요. 저는 딸들이 어렸을 때 남편 친구 가족과 친하게 지냈습니다. 함께 바다 수영도 가고 계곡에서 캠핑도 하고 봉사활동도 다녔습니다. 덕분에 제 딸들은 낯선 친구들과도 쉽게 어울리고 붙임성도 좋아요. 그리고 친구들의 장점을 잘 찾고 동생들도 잘 보살피는 등

사회성도 매우 발달되었습니다.

넷째, 또래 관계를 활용해서 잠재력을 발달시켜주세요. 구소련의 인지 심리학자였던 레프 비고츠키는 자신의 인지발달이론을 통해 모든 아이들은 사회관계 속에서 인지발달이 이루어진다고 밝혔습니다. 특히 아이들에게는 스스로 도달할 수 있는 능력과 주변의 도움을 받아야 도달할 수 있는 능력이 있으며, 아이가 현재의 단계를 넘어 새로운 인지발달을 깨치려면 근접발달영역(Zone of Proximal Development) 안에서 정교한 교수 활동이 이루어져야 한다고 했지요. 근접발달영역이란 혼자서는 해결할 수 없지만 성인 또는 뛰어난 동료의 도움을 통해 문제를 성공적으로 해결할 수 있는 영역을 말합니다. 즉, 학습이나 발달 과정에 주변 친구들을 활용하면 아이에게 숨어 있는 잠재력을 향상시킬 수 있다는 것입니다. 특히 유능한 친구들과 상호작용하면서 협력학습을 할 경우 사고력을 향상시키고 학습 능력을 높이는 데 많은 도움을 줄 수 있어요. 만약 내 아이가 또래 친구에 비해 월등히 우수한 능력을 가졌다면 친구들에게 발전된 모델을 제시하거나 설명해 주는 방식으로 실력을 더 다져나갈 수 있습니다.

엄마의 걱정으로 인해 아이들의 문제에 깊숙이 개입하기보다는 아이의 능력과 유능감을 믿고 기다려주시면 좋겠습니다. 아이들이 좀 더 다양한 친구들을 만날 수 있도록 장을 마련해 주고, 친구와의 긴밀한 관계 형성을 통해 시너지를 가져올 수 있도록 말이지요.

학교 교육에 개입하지 말고
함께 참여하세요

학교는 1년간의 교육 과정 운영 계획을 미리 다 세워둡니다. 수업 시수나 행사처럼 교육 전반에 관해 미리 협의를 거친 후 운영위원회의 심의를 받습니다. 교육 일정은 학교 설명회 때 안내하거나 안내장을 발송합니다. 이런 상황에서 엄마들이 자신의 상황이나 기분에 따라 일정을 바꿔 달라고 요청하면 무척 곤란해집니다.

가장 곤란한 경우는 예고도 없이 학교에 불쑥불쑥 찾아와서 항의하는 경우입니다. 정식 절차에 따라 계획된 학교 운영에 관해 부모가 임의적으로 개입하면 학교 입장에서는 상당히 당황스럽습니다. 불합리하다고 생각되는 부분은 정식 절차를 통해 민원을 제기하시면 됩니다.

담임 선생님이나 학교 측에 문의를 한 뒤 일정을 잡고 면담 신청을 한 다음에 진행하는 것이 좋지요. 면담을 통해 학교 운영에 불합리한 점이 있으면 얼마든지 개선이 가능합니다.

학교 교육에 참여하는 법

장학사 시절, 인근 학교에는 사사건건 학교 행사에 불만을 표시하는 엄마가 계셨습니다. 운동회 때 "어려운 형편의 아이도 있는데, 왜 도시락을 싸오게 하나요?"라고 민원을 넣어서 결국은 그때부터 운동회 날에 모두 급식을 하게 되었고, 부모님들도 운동회에 참석하지 못하도록 바꿔버린 적도 있었지요. 또 아이가 참여할 수 없는 날에 현장학습을 가게 되면 날짜를 옮겨달라고 요구를 한 부모님도 계셨습니다. 이들은 원하는 것이 있으면 교육청까지 찾아가 심하게 민원을 제기했습니다. 할 수 없이 학교는 그 학부모가 원하는 것을 들어줄 수밖에 없었고, 그로 인해 학교 경영에 어려움이 많았습니다. 문제는 엄마가 학교에 와서 요구사항을 쏟아낼 때마다 아이는 오히려 더 위축되었다는 겁니다. 교육청은 물론 주변 학교에까지 소문이 났기 때문이지요. 아이는 주변 사람의 눈치를 보며 학교를 다녔고, 엄마의 등 뒤에 숨어서 하라는 대로 했습니다. 자연스럽게 아이의 또래 관계나 학교생활이 더 힘들어졌어요.

이것은 올바른 방법이 아닙니다. 제 목소리를 내는 것은 좋지만 정해진 방침이 있는데, 이를 무시하고 독단적으로 목소리를 높이면 모두가 곤란해집니다. 특히 그런 엄마의 모습에 아이가 주눅이 든다는 것이 가장 큰 문제입니다. 학교 교육에 적극적으로 참여하는 것은 좋습니다. 하지만 학교는 개인을 위하는 곳이 아니라 매우 다양한 상황에 놓인 아이들을 교육하고 성장시키는 기관입니다. 한 명의 편의만을 봐주는 것은 도의에 어긋나며 진정한 교육기관으로서 바람직한 역할도 아닙니다. 교육공동체가 충분한 의사소통 과정을 거쳐 좋은 결과를 도출해야 하지요.

학교에는 학부모가 자치적으로 운영하는 단체가 많습니다. 학교운영위원회, 학부모회, 녹색어머니회, 사서도우미회 등 단체 성향에 따라 역할은 다르지만 모두가 학생들을 위한 교육활동 지원을 합니다. 만약 학교 교육에 도움을 주거나 좋은 방향으로 이끄는 데 힘이 되어주고 싶으시다면 이런 단체를 통해 참여하시는 것도 좋습니다. 단체에 속하면 학교 측과 긴밀하게 의견을 주고받을 기회도 자연스럽게 생기니 그때 의견을 나누시면 더 좋은 피드백을 받으실 수 있습니다.

제가 교장으로 재직하던 학교에서 '세계 시민 음식문화 축제'를 개최한 적이 있습니다. 다문화학생이 주를 이루는 학교였기에 가능한 행사였지요. 축제가 시작되자 유치원 원아와 초등학생 600여 명이 두 파트로 나누어 음식 체험에 참여했습니다. 모든 재료는 학교에서 비용을 대고, 한국 음식은 한국인 학부모회에서 외국 음식은 외국인 학부모회에서 준비해 주셨어요. 음식이 준비되는 과정은 정말 만만치가 않았습니다. 약 60여 명의 한국 학부모님께서 교육 기부로 재능을 나눠주셨고, 외국 학부모님들은 집집마다 자신 있는 음식을 골라 재료를 준비하고 음식을 만들어주셨습니다. 어느 나라 엄마든 아이들이 맛있게 먹는 모습을 보면 행복해지나 봅니다. 한국인과 외국인이 서로 갈등하고 반목하던 모습은 사라지고, 얼굴 가득 만연한 미소로 화합할 수 있었지요. "이번 행사에서 한국 학부모와 외국 학부모가 서로 소통하고 마음을 모으게 되어 기뻐요. 우리 모두 아이들을 키우는 엄마잖아요." 학부모들이 서로 마음을 다해서 학교 교육에 참여하는 모습을 통해 우리 아이들은 더 행복하고 건강하게 자랄 것입니다.

하지만 개인 사정으로 인해 단체 활동이 어려운 경우에는 개별적으로도 자신의 의견을 피력할 수 있습니다. 각 초등학교에는 한 학기에 한 번씩 학교 설명회나 학부모 상담주간이 있어요. 선생님들께서 학부모님들의 신청을 받아 심도 있는 상담을 해줍니다.

교장인 제게도 정식 절차를 거쳐 '어떤 것에 대해 논의를 하고 싶은데, 시간이 되느냐' 하고 정중하게 물어오는 경우도 있습니다. 그럴 경우 원하는 질문에 최대한 성의있게 답변하려고 노력합니다. 학부모님들의 의견은 학교 발전에 많은 도움이 됩니다. 학부모와 교직원들이 서로 소통하면서 좋은 관계로 발전할 때 학교는 좋은 방향으로 나아갈 수 있습니다. 그리고 이것은 다시 선순환이 되어 돌아옵니다. 학부모에게 받은 긍정적인 에너지는 다시 학교를 위해 열심히 노력하게 되는 힘으로 작용하게 되거든요. 학교는 혼자의 힘으로 운영되는 곳이 아닙니다. 학생, 학부모, 교직원, 지역사회가 함께 힘을 모을 때 아이들에게 더 좋은 교육을 해줄 수 있습니다. 저는 매년 "한 아이를 키우기 위해 온 마을이 필요하다."라는 말을 정말 실감하고 있습니다.

1. 학교 폭력, 유연한 사고로 대처하세요.

최근 학교폭력이 늘어남에 따라 엄마들은 내 아이가 피해를 입지 않을까 많은 걱정을 하고 있습니다. 해마다 교육부에서는 연 2회, 초등학교 4~6학년을 대상으로 학교폭력을 목격했거나 피해와 가해 경험이 있는지를 알아보는 '학교폭력실태조사'를 실시합니다. 조사 결과에 따라 학교폭력전담기구에서 심의를 하거나 사안별 후속 조치를 취하지요. 학급에서는 언어폭력, 따돌림, 사이버폭력, 신체폭력 등 유형에 따라 예방교육을 실시합니다.

학교폭력 현장을 보거나 그 사실을 알게 되면 누구나 학교 등 관계 기관에 즉시 신고해야 하고, 학교폭력 사태를 인지한 경우에는 지체 없이 학교폭력전담기구 또는 소속 교원이 가해 및 피해 사실 여부를 확인해야 합니다. 학교폭력전담기구에서는 학교폭력 사안을 조사하고 피해 및 가해 학생의 신체적, 정신적 피해 상황을 파악하며 피해 학생의 상담 및 치료비용에 대한 지원 업무를 담당합니다. 또 학교폭력 관련 학생에 대한 심리 상담 및 조언, 집중 보호 및 관찰 대상 학생에 대한 지속적인 상담 등 사안 조사 내용을 바탕으로 학교장 자체 해결 여부를 심의하지요.

〈사안조사의 원칙〉

- 서면조사 해당 학생 및 증인의 면담 조사, 사안 현장 조사 등을 모두 실시한다.
- 면담 조사를 하는 경우에는 관련자들의 진술서를 받고 면담일지를 작성한다.
- 학생 조사 및 지도는 수업 시간 이외에 하는 것이 원칙이다(수업권 보장).
- 피·가해 학생의 구분, 폭력 장소와 폭력의 형태 및 피해의 정도를 파악한다.
- 조사의 종결과 동시에 조사결과보고서를 작성해서 피·가해 학생 보호자에게 통보한다.

　　학교 폭력이 발생하면 학교에서 학부모에게 피해나 가해 사실을 통보합니다. 처음에 부모님이 이 소식을 접하면 많이 놀라고 당황하십니다. 부모님은 가능한 한 평정심을 유지하고 아이와 충분히 대화를 나눈 뒤 잘못된 점은 훈계하고, 상처를 입었다면 충분히 위로해 주셔야 합니다. 내 아이와 관련된 다른 피해자나 가해자에게 감정을 건드리는 말이나 행동은 하지 말아야 하지요. 자칫 아이 싸움이 어른 싸움으로 번지는 경우가 있습니다. 학교폭력전담기구에서 사안조사를 철저히 하고 피해자와 가해자가 만나 협의 할 수 있는 시간을 따로 마련해 주니 섣불리 감정적으로 행동하지 않아야 합니다. 물론 가해자의 부모님께서 피해자의 부모님에게 연락해 다친 데는 없는지, 다쳤다면 병원에 다녀왔는지 등의 안부를 묻거나 진심 어린 사과를 통해 용서를 비는 일은 괜찮습니다.

사안이 심각하다면 전담기구 심의 결과에 따라 학교폭력위원회로 가는 경우도 있고, 경미하다면 학교장 종결로 마무리되기도 합니다. 사안에 따라 다르지만 가해 학생과 부모에게는 봉사 활동이나 교육을 받게 하며, 피해 학생은 정서적 안정을 위한 심리 상담을 지원받을 수 있습니다. 자칫 피해 학생 학부모는 내 아이의 아픔과 상처 때문에 심리적으로 격앙되는데, 시간과 거리를 두고 상대를 바라보는 여유가 필요합니다.

2. 내 아이가 학교 폭력의 가해자도, 피해자도 될 수 있어요.

보통 엄마들은 내 아이만큼은 학교 폭력의 가해자가 되리라는 생각을 잘 하지 못합니다. 그러나 학교에서 보면 친구를 왕따 시키는 아이, 자신 보다 약한 친구에게 돈을 뺏는 아이, 친구 물건을 훔친 아이, 친구를 수시로 때리고 괴롭히는 아이들이 종종 있습니다. 이런 아이의 소식을 접한 부모들은 대부분 처음엔 "우리 아이가 그럴 리가 없어요. 뭔가 잘못된 것 같아요."라며 믿지 않습니다. 이런 일들이 사건화가 되어야 받아들이고 수습하려고 합니다.

내 아이가 가해자가 되면 먼저 상대방 친구에게 진심으로 사과를 하고 피해 입은 부분은 보상을 해야 합니다. 무엇보다도 잘

못을 한 내 아이에 대해서는 다그치기보다는 반성하고 다시는 그런 일이 없도록 훈육이 필요합니다. 보통 다른 친구를 괴롭히고 나쁜 행동을 한 아이의 배경에는 이유가 있을 수 있습니다. 엄마가 집에서 너무 아이를 휘어잡고 꼼짝 못 하게 하면 아이는 그 답답함을 친구에게 풀기도 합니다. 잘못된 행동인 건 알지만 스스로도 어쩔 수 없다고 생각합니다. 그리고 어릴 때 애착관계가 제대로 형성되지 못한 아이들 중에도 이상 행동을 하는 경우가 있습니다. 부부싸움이 잦은 가정의 아이도 마음에 울화가 차서 나쁜 행동을 자처하는 경우가 있었습니다. 내 아이가 학교 폭력의 가해자가 되었다면 행동 이면의 아이 마음을 읽어주세요. 마음속에 있는 어떤 결핍이나 화가 폭력으로 이어졌는지도 살펴주세요. 무조건 부모가 화를 내고 다그치기보다는 보듬어주면서 폭력은 안 된다고 단호하게 알려주셔야 합니다. 그래야 다음부터 이런 행동을 하지 않습니다.

반대로 내 아이가 폭력의 피해자도 될 수 있습니다. 큰딸이 중학교 1학년 겨울 무렵, 낯선 번호로 전화가 왔습니다. 지하철 수사대였는데 시내에 나갔던 딸이 지하철 화장실에서 낯선 언니들에게 점퍼와 운동화를 빼앗겼다는 겁니다. 점퍼와 운동화는 산지 얼마 되지 않은 제법 값이 나가는 제품이었지요. 빼앗긴 물건도 물건이지만 아이가 협박을 당할 당시 공포의 순간을 생각하니 아찔하더군요. 그래도 다치지 않고 무사히 돌아와서 정말 다행이었어요. 하지만 제 딸은 그때 너무 놀라고 두려움에 떨어서인지 겁이 많아졌습니다. 저도 그 이후로 걱정이 많아져서 딸에게 낯선 곳에 갈 때는 두 명 이상 같이 다니라고 한 적도 있지요.

그러면 안 되지만 살다 보면 내 아이도 학교 폭력의 가해자가 또 피해자가 될 수 있습니다. 요즘 만나는 엄마들에게 아이를 학교에 보낼 때 가장 걱정되는 것이 뭐냐고 물어보면 "아이가 다른 아이한테 맞거나 왕따를 당하거나 피해를 입지 않을지 걱정이 된다."라고 답하는 분들이 많습니다. 특히 여학생 엄마들이 이렇게 이야기하고, 남학생 엄마들은 "자주 친구들에게 맞고 오길래 같이 때려주라고 얘기해 줬어요."라고 하는 분도 있어요. 그때마다 저는 손사래를 치며 "절대로 친구를 때리면 안 돼요."라고 말합니다.

예전과 달리 작은 다툼과 싸움조차 학교폭력위원회에서 해결해 달라는 학생과 학부모가 늘고 있습니다. 예전 같았으면 "뭐 얘들이 크면서 싸울 수도 있지요."라고 너그럽게 봐주던 분위기에서 한 치의 양보도 손해도 볼 수 없다는 사람들이 늘어나고 있어요. 그래서 한 해 학교폭력으로 접수되는 신고가 엄청나게 늘어나고 있습니다.

3. 다른 사람도 나와 똑같이 소중한 사람이라는 것을 깨닫게 해주세요.

아이가 학교폭력과 관련되면 부모님들도 무척 예민해지고 감정적으로 대립하게 되어 굉장히 힘든 시간을 보냅니다. 잘못된 부분이 있다면 시인하고 정중하게 사과하시기를 바랍니다. 그래야만 피해 학생과 부모님도 조금은 너그러워질 수 있습니다. 한 가지 사건으로 오랜 기간 동안 대립하고 미워하는 등 갈등을 이어가다 보면 많은 사람들이 괴롭고 힘듭니다. 잘잘못을 따지고 감정싸움을 하는 동안 결국 아이들이 더 크게 상처받고 괴로운 시간을 보내는 것을 여러 번 보았습니다. 좀 속이 상하더라도 넓은 마음으로 양보하고 이해하는 부모의 아이들은 상처를 많이 입지 않고 빠르게 일상으로 돌아가는 것을 경험으로 봐왔습니다.

엄마가 학교폭력과 관련해서 내 아이에게 개입하고 도움을 줄 내용은 '다른 친구도 나와 똑같이 모두 소중한 존재이며 함부로 대하면 안 된다는 것'을 깨닫게 해주는 것입니다. 잘났건 못났건 우리는 모두 사랑받기 위해 태어난 존재입니다. 마음에 안 든다고, 화가 난다고 폭력을 가한다거나 누군가 좀 부족하다고 해서

그를 업신여기고 괴롭힐 권한은 아무에게도 없음을 일깨워 주시
길 당부합니다.

4. 아이의 폭력성, 대물림되고 있어요.

1학년 남자아이 지현이는 친구들을 때리고 할퀴는 등 생활하
면서 종종 폭력을 쓰는 습관이 있습니다. 귀엽고 개구쟁이 기질
이 있어서 선생님들이 참 예뻐하는 학생이지만 폭력성만은 그냥
두면 안 된다고 판단해 따로 상담을 진행했어요. 그런데 상담을
통해 알게 된 것은 엄마가 지현이가 말을 듣지 않을 때마다 체벌
을 하고 있다는 사실이었습니다. 게다가 지현이도 화나면 엄마
에게 폭력을 썼다고 해요. 어른들의 폭력만큼 위험한 건 집안에
서 아이의 폭력성을 허용하는 것입니다. 이런 습관은 가정에서
학교로 옮겨가 마음에 들지 않거나 화가 나면 다른 아이들에게
폭력을 사용하는 것으로 이어집니다.

아이들은 부모의 행동을 보고 그대로 따라 합니다. 화가 나거
나 짜증이 날 때 그것을 폭력을 통해 해소하려는 습관은 그대로
대물림되지요. 이 악순환을 끊어내기 위해서는 부모는 아이 앞
에서 절대로 폭력을 행사해서도 안 되며, 아이의 폭력을 허용해
서도 안 됩니다.

가끔 상상할 수 없는 행동으로 친구들에게 상처를 주는 아이들이 있습니다. 한번은 놀이터에서 놀고 있는 3학년 외국인 여학생을 외국인 남학생 두 명이 심하게 괴롭힌 사건이 있었습니다. 그 여자아이는 그 일로 너무 큰 충격을 받아서 본국인 러시아로 돌아가 버렸어요. 저는 그 아이가 인사하러 교장실에 들렀을 때 너무 마음이 아파서 함께 울었습니다. 혹시나 이 일로 인해 평생 트라우마를 갖고 살까 봐 너무 걱정이 되었거든요. 남자아이들의 단순한 호기심이 엄청난 결과를 초래했고 이 아이들에게는 전학 처분이 내려졌습니다. 그런데 참 의아했던 것은 이런 심각한 폭력에 대한 남자아이 부모들의 반응이었습니다. 그들은 "뭐 그럴 수도 있지요. 그저 장난일 뿐인걸요. 우리 때도 다 그러고 놀았어요." 하며 대수롭지 않게 여겼어요. 이런 폭력적인 일들은 호기심 때문에 일어날 수도 있고, 욕구 불만이나 적대감에서 비롯될 수도 있습니다. 어떤 아이는 집에서는 얌전한데 학교에서는 공격적인 행동을 보이기도 하고, 그 반대의 경우도 있을 수 있습니다. 엄마는 아이가 공격적인 행동을 하지 않도록 엄격하게 훈계해야 합니다. "폭력은 안 돼!"라고 단호하게 이야기하고, 남에게 해를 끼치는 일은 있어서는 안 된다고 타일러야 하지요.

　간혹 아이가 폭력적인 행동을 하고도 전혀 뉘우치지 않고 잘 못되었다는 감정을 느끼지 못한다면 전문가의 도움을 받아야 합니다. 이런 아이들은 다른 사람의 훈계나 잔소리에도 아랑곳 하지 않고 자신이 하고 싶은 행동을 서슴없이 해버립니다. 마치 나무라는 사람들을 조롱하듯이 말이지요. 이 아이들은 폭력에 자주 노출되었거나, 어릴 적 큰 상처로 다른 사람을 잘 믿지 못하고 냉소적인 경향을 띨 수도 있습니다. 폭력적인 행동을 하고서도 죄로 인식하지 못하고, 죄책감이 없거나 피해자의 감정을 느끼지 못하는 아이들은 꾸준하고 신뢰가 있는 사람 즉, 주 양육자나 상담가 등이 아이의 믿음을 얻고 신뢰를 얻은 다음 치료를 진행해야 합니다. 폭력을 단호하게 끊지 못하면 대물림될 수 있다는 사실을 명심하시길 바랍니다.

PART

3

행복한 엄마는
지금도 성장 중입니다

CHAPTER 6

엄마도 아이도
완성형이 아닌 성장형입니다

아이가 내 마음대로 자라지 않는다고 해도 좌절하지 마세요. '원래 다 그런 거야' 하고 쿨하게 받아들이세요. '아이는 아이의 인생을, 나는 나의 인생을 사는 것'입니다. 그리고 아이가 자신의 믿음을 딛고 일어서 자립할 수 있을 때까지 기다려주세요. 아이의 양육과 교육의 목표는 어차피 '자립'에 있지 않은가요?

엄마의 기준이
행복을 가져옵니다

부모가 아이의 양육과 교육에 대해 어떤 목적과 목표를 가질 것인지, 또 어떤 아이로 키울지 기준과 소신을 갖는 일은 정말 중요합니다. 무조건 최고의 목적과 목표를 가진다고 해서 다 이루어지는 것은 아니지만 아이를 키우는 소신과 기준이 올바르게 세워졌는지를 짚어보는 일은 꼭 필요하지요.

예를 들어 "저는 아이가 공부 잘하는 것보다 밝고 건강하게만 자랐으면 좋겠어요. 또 자신이 타고난 재능을 발휘하며 살도록 도와주고 싶어요. 그래서 저의 양육과 교육의 기준은 공부를 잘하고 못하느냐에 두지 않고, 어떤 분야에서든지 아이가 좋아하고 원하는 분야를 하도록 밀어줄 생각이에요."라고 한다면 엄마는 아이가 공부를 잘하고 못하는 것에 일희일비하지 않고 순간순간 자신의 재능을 살려서 건강하고 즐겁게 생활하는 것에 가치를 두겠지요.

아이가 엄마의 마음처럼 잘 자라고 원하는 대로 공부도 잘하고 쑥쑥 잘 커주고 성격도 좋고 친구들과 관계도 좋다면 얼마나 좋을까요? 그러나 아이를 키우다 보면 늪에 빠진 것처럼 힘들고 괴로운 일이 닥쳐올 때가 있습니다. 빠져 나오려고 하면 할수록 더 깊이 빠지는 늪처럼 아이에게 잘해 주려고 하면 할수록 엇나가 엄마를 힘들게 합니다. 엄마의 말을 안 듣고 반항하거나, 공부는 하지 않고 게임만 하거나, 속마음을 쉽게 내보이지 않는 아이도 있어요. 또 신경이 예민해서 화를 자주 내거나 감정 컨트롤이 안 되는 아이들을 보면 엄마의 가슴은 타들어갑니다.

이럴 때일수록 엄마가 기준을 바로 세우고 소신을 갖는다면 위기를 잘 극복할 수 있고, 행복한 아이로 잘 키울 수 있습니다. 그렇기에 엄마가 흔들리지 않고 안정감 있게 삶을 살아가는 것이 무엇보다도 중요합니다.

삶을 받아들이는 기준

인생은 고해(苦海)라고 했습니다. 삶이란 원래 고통의 연속임을 받아들이셔야 합니다. 어차피 삶이란 태어나는 순간부터 고통의 시작이니 작은 기쁨과 행복에도 감사하고 살아간다면 아이가 내 마음에서 조금 어긋났다고 해도 쉽게 흔들리지 않을 것입니다. 엄마가 다그치지 않아도 아이는 긍정적인 방향으로 나아가려고 합니다. 그러니 엄마는 '완벽하고 좋은 엄마가 되어야지' 하는 목표를 내려놓고 '아이가 행복하게 살도록 하려면 어떻게 해야 할까?'를 고민하는 것이 더 바람직합니다.

제 큰딸은 '세상에 어쩜 이렇게 귀엽고 예쁜 아이가 있을까?'라고 생각할 정도로 사랑스러운 아이였습니다. 그런데 초등학교 4학년 때부터 살이 찌기 시작하더니 학년이 올라갈수록 심각해지는 거예요. 장거리 출퇴근으로 힘든 저를 대신해 시어머니께서 딸들을 돌보면서 맛있는 음식을 많이 해주셔서 그런가 하는 생각도 들었습니다. 어찌 되었든 딸을 날씬하고 예쁘게 키우고 싶다는 제 기대는 사라지고 말았습니다. 게다가 저를 더 힘들게 했던 건 딸이 점점 뻐딱해지면서 반항을 시작했다는 것이었습니다. 자기 고집만 내세우고 원하는 것을 해주지 않으면 토라졌어요. 게다가 성격이 예민해서 날씨가 더운 것도 음식이 맛없는 것도 주변이 시끄러운 것도 못 견뎠지요. 공부도 열심히 하지 않았습니다. 저는 이런 딸을 묵묵히 바라보고 기다려주는 것이 많이 힘들었어요. 그렇지만 저는 딸의 성장 과정에 지나치게 개입하지 않겠다는 소신이 있었습니다. 원하는 것은 해주되 아이 감정에 휩쓸리지 않으려고 애썼어요. 마음에 들지 않는 부분이 있어도 제 마음대로 고치려고 하지 않고 묵묵히 지켜봐 주는 것을 택했습니다. 그렇게 딸의 반항과 방황은 초등학교 5학년부터 꽤 오랜 시간 동안 이어졌습니다. 그런데 참 신기하게도 차츰차츰 딸이 바뀌기 시작하더군요. 스스로 다이어트를 시작하고 좋아하는 일을 찾아 몰입하기 시작했어요. 그러자 저와의 관계도 점차 개선되었습니다. 지금은 회사 생활과 대학원 공부를 병행하며 꿈을 향해 열심히 달려가고 있습니다.

지금 생각해 보면 당시 딸은 반항으로 풀고 싶었던 마음의 응어리가 있었던 게 아닌가 싶습니다. 사실 딸이 어렸을 때 저희 부부는 딸 앞에서도 종종 싸웠거든요. 이런 탓에 아이에게 정서적으로 불안한 환경을 만들어준 것이 반항의 원인이었을 것 같아 늘 미안했습니다. 강압적으로 통제하려 들면 더 심해질 것 같아 딸의 방황과 반항을 이해하고 기다려주었지요. 언젠가는 제자리로 돌아올 것이라고 막연히 믿었던 것 같아요. 아이들의 행동이 당장 마음에 안 든다고 해서 내 마음대로 아이를 바꾸려 하기보다는 묵묵히 지지하고 믿어주면 아이는 엄마의 믿음에 힘을 입어 자신의 인생을 찾아갑니다. 지금은 누구보다도 독립적으로 자신의 인생을 잘 살고 있는 딸들을 보면 엄마의 믿음만큼 아이들이 성장한다는 것을 깊이 깨닫게 됩니다.

아이가 내 마음대로 자라지 않는다고 해도 좌절하지 마세요. '원래 다 그런 거야' 하고 쿨하게 받아들이세요. '아이는 아이의 인생을, 나는 나의 인생을 사는 것'입니다. 그리고 아이가 자신의 믿음을 딛고 일어서 자립할 수 있을 때까지 기다려주세요. 아이의 양육과 교육의 목표는 어차피 '자립'에 있지 않은가요?

성공을 받아들이는 기준

가난과 고독 속에서도 제주의 아름다운 풍경에 몰두해 멋진 사진으로 남긴 사진작가 김영갑은 『그 섬에 내가 있었네』라는 책에서 이렇게 이야기합니다. '들판에는 내 마음을 사로잡는 풍경이 있습니다. 마음이 불편할 때마다 찾아가 세상을 탓하고 나 자신을 탓합니다. 어린아이처럼 투정도 부려봅니다. 하지만 들판은 한결같이 반갑게 맞아줄 뿐입니다. 그리고 새들을 초대해 노래 부르게 합니다. 풀벌레를 초대해 반주를 하게 합니다. 구름과 안개를 초대해 강렬한 빛을 부드럽게 만들어줍니다. 해와 달을 초대해 스포트라이트를 비춰줍니다. 눈과 비를 초대해 춤판을 벌이게 합니다. 새로운 희망을 보여줍니다.' 김영갑이 자연을 바라보고 느끼는 시선이 놀라울 따름입니다.

김영갑의 삶에서 성공의 기준은 제주의 아름다운 풍경을 어떤 사진으로 남기느냐에 있습니다. 그에게는 명문대 타이틀도 강남의 아파트도 없지만 가난과 고독 속에서 심미안을 가지고 온전히 아름다운 시선으로 풍경을 바라보는 눈을 가졌기에 행복합니다. 루게릭이라는 병으로 죽어갔지만 마지막까지 자연이 주는 신비를 알아채고 사진에 담아

냈습니다.

우리는 너무 획일화된 성공의 기준으로 아이를 키우고 있는 건 아닌지 스스로를 돌아봐야만 합니다. 아이가 버거워하는 데도 초등학생 때부터 몇 년을 선행해서 학습시키고 일상 속에서 쳇바퀴 돌리듯 이 학원 저 학원을 보내는 일이 과연 성공한 삶을 위한 일인지 돌아보아야 합니다. 아이의 결을 살려서 하고 싶은 일을 마음껏 하게 하고 아이의 기준으로 성공을 바라보는 엄마가 되어야 합니다. 그래야 내 아이가 행복한 삶을 살 수 있습니다.

'진정한 나로 살아갈 수 있는가?'에 대한 기준

나는 누구이며 어떤 사람이고 어떤 곳을 향해 가는지를 안다면 행복한 사람입니다. 다른 사람의 기준이나 평가에 의해서가 아니라 온전히 나로 살아가는 것을 기준으로 삼을 수 있다면 자유로운 사람입니다. '진정한 나로 살아갈 수 있는가?'에 기준을 두면 엄마의 삶이든 아이의 삶이든 쉽게 흔들리지 않습니다.

신영복 선생은 『담론』에서 '참된 자유는 자기의 이유를 가지는 것이다. 자기의 이유를 줄이면 자유가 되기 때문이다'라고 전했습니다. 저는 오랜 시간 다른 사람의 기준에 맞춰 살아왔습니다. 부모님에게는 착하고 공부 잘하는 딸이기를, 동료에게는 잘 가르치고 능력 있는 교사로 인정받고 싶었어요. 그러다 보니 똑똑하고 예의 바르며 성실한 모범생의 틀에 갇혀 평생을 살았습니다. 때론 저를 비난하거나 탓하는 일이 생기면 받아들이지 못해 괴로워하고 힘들어했어요. 사람마다 다른 기준으로 바라볼 수도 있고 실수할 수도 있는데 저는 그것을 받아들이지 못하고 완벽한 나로 서야 한다고만 생각했습니다.

그런데 많은 책을 읽고 스스로에 대한 탐구를 해나가면서 자신을 돌아보게 되었습니다. 다양한 체험과 연수에서 만난 사람들의 이야기를 들으며 '아, 나는 참 부족한 사람이구나!'를 깨닫기 시작했고 '실수 좀 하면 어때? 부족하면 어때? 나는 나인걸' 하고 있는 그대로의 제 모습을 조금씩 받아들이기 시작했어요. 이제는 더 이상 다른 사람의 칭찬이나 인정이 없어도 존재 자체로 행복함을 느끼는 사람에 제법 가까워졌습니다. 그랬더니 다른 사람의 기준에 의해 행복해하거나 불행해지지 않고 오로지 제 기준에 의해 행복해지기 시작했습니다.

이렇게 저에 대한 확신이 생기자 아이에 대한 기준도 달라졌습니다. 아이 역시 엄마의 기준이 아니라 자신이 세운 기준에 따라, 자신의 색을 잃지 않고 본연의 모습으로 살길 바라게 되었어요. 지금까지의 고정관념을 버리고 아이 스스로 자유롭기를 원하게 되었고, 완벽주의를 버리고 편안한 마음으로 삶을 살아가길 바라고 있습니다.

기준이 바로 선 엄마들은 쉽게 흔들리지 않습니다. 또 쉽게 불안해하지 않아요. 지금 당장 아이가 어려움을 겪고 방황을 하고 괴로워하겠지만 이 모든 것이 성장 과정에서 오는 시행착오일 뿐입니다. 엄마가 기준을 갖고 믿음으로 아이를 바라봐 주면 아이는 서서히 제자리를 찾아가게 됩니다. 비록 행복한 삶을 찾아가는 과정이 힘들고 고통스럽고 괴로울지라도 그 과정을 즐기는 법을 터득하게 될 거예요.

기준이 바로 선 엄마의 아이들은 자신만의 삶의 기준과 성공 기준, 가야 할 길을 저절로 알아챕니다. 이미 엄마가 그런 삶을 살고 있기 때문에 아이도 엄마의 태도를 닮아갑니다. 아이를 위해 무엇을 더 해주고 어떻게 해줄까 동분서주하기 전에 당장 엄마 스스로 똑 부러진 기준부터 세우시길 바랍니다.

아이는
엄마의 거울입니다

아이를 보면 아이의 엄마가 어떤 분인지 가늠이 될 때가 있습니다. '똑 부러지는 성격', '따뜻한 마음씨', '기발한 아이디어', '강한 책임감' 이것들은 모두 6학년 향기를 보면 떠오르는 느낌인데, 향기 엄마 역시 향기와 똑같은 느낌을 지닌 분이셨습니다. 향기뿐만 아니라 고은이랑 산이 세 남매 모두 마찬가지였지요. 이 가족을 보면 '아이는 엄마의 거울이다'라는 말이 딱 들어맞는다는 걸 잘 알 수 있습니다.

향기 엄마의 교육 철학이 궁금해서 여쭈어보니, '따로 또 같이 어우러지게'라고 합니다. 서로를 인정하며 따로 할 것은 따로 하고, 함께 할 것은 함께 하는 거래요. 공부나 게임은 따로 하고 밥이나 간식을 먹을 때나 청소를 할 때는 모두 같이 하는 거라고 덧붙여 설명합니다. 향기네 가족이 이렇게 공동생활에서 따로 또 같이 행복한 삶을 살게 된 데는 향기 엄마의 젊은 시절 삶이 밑거름되었다고 해요. 향기 엄마는 대학 졸업 후 25세부터 34세까지 종교단체에서 수행도 하고 봉사하는 삶을 살았는데, 해마다 반은 인도에서 봉사활동을 하고 반은 한국에서 공동체 생활을 했대요. 그녀에게 "향기 엄마는 남들이 생각하는 그런 성공적인 삶과는 무척 다른 삶을 살아오셨네요. 자신만의 철학이 확고한 것 같아요. 어떻게 그런 삶을 살게 되셨나요?"라고 묻자 그녀는 "제 경험 덕분에 자녀교육에 관한 철학을 갖게 되었어요. 저는 아이들을 과잉보호하지 않았어요. 스스로 선택하고 자립할 수 있도록 도와주었을 뿐이죠."라고 답했습니다. 그녀는 질문을 통해 아이들과 소통하며 생각할 수 있는 기회를 줍니다. 너무 방임하거나 방관하지도 않고 그렇다고 지나치게 개입하지도 않아요. 그녀는 스스로를 자유로운 엄마이자 스트레스를 주지 않는 엄마라고 자부합니다.

향기 엄마는 젊은 시절 인도와 한국을 오가며 했던 봉사 경험을 토대로 현재 '놀이와답사연구소'를 운영하며 사람들에게 경주의 문화와 유적을 소개하고 있습니다. 작년에는 경주의 역사와 놀이를 활용한 프로그램을 개발해서 공모전에 당선되기도 했어요. 도전정신이 뛰어난 향기 엄마의 책임감을 보니, 향기 남매가 어떻게 자랄지 그림이 그려집니다. 학교에서 공부 잘하고 책임감도 강하고, 창의력도 뛰어나며 배려심도 깊은 세 아이들은 엄마와 똑같은 모습이니까요.

이상 행동을 하는 아이 뒤엔
문제 부모가 있습니다

학교에서 이상 행동을 하는 아이들이 점점 늘어나고 있습니다. 수업 시간에 소리를 지르거나 교실 밖으로 뛰어나가는 아이들, 물건을 훔치거나 친구들을 괴롭히는 아이들, 선생님에게 대들거나 책걸상을 뒤집어 놓는 아이들, 우울증이 심해서 학교에 오지 않는 아이도 있어요. 이상 행동을 하는 아이들 때문에 정신적 스트레스를 많이 받고, 학부모와의 관계에서 오는 갈등으로 정신과 병원이나 상담실을 찾는 선생님들도 많습니다.

우울증이 심해 장기 결석을 하던 아이가 있었습니다. 아무리 전화를 해도 받지 않고 집에 찾아가도 문을 열어주지 않아서 무척 힘이 들었지요. 나중에 안 사실은 아이의 엄마도 우울증이 심각했다는 것이었습니다. 이 엄마는 아이를 양육하고 교육할 상태가 아니어서 기관의 도움을 받아 치료지원을 받도록 조치했습니다. 또 친구의 금품을 뺏고 괴롭히던 한 아이는 어릴 때 엄마가 집을 나간 뒤 조부모님에게 맡겨진 상태였어요. 교실을 자주 뛰쳐나가고 친구들을 자주 괴롭히던 한 아이는 엄마 아빠가 이혼하고 아빠가 아이를 키웠는데 그마저 어려워져서 지인이 키우고 있다더군요. 또 이웃 학교의 한 아이는 담임 선생님뿐만 아니라 교장, 교감 선생님에게도 소리를 지르고 욕을 해서 감당이 안 된다는 소식을 들었습니다. 담임 선생님에게 독설을 내뱉고 끊임없이 사고를 치는 바람에 교직원 전체가 긴장하고 있다고 말이지요. 이런 아이들이 한 반에 한 명만 있어도 힘든데 요즘은 점점 늘어나서 심한 반은 20~30%를 차지하는 경우도 있습니다.

이상 행동을 하는 아이들의 부모들은 이 아이들을 어떻게 관리해야 할지에 대해 잘 알지 못합니다. 아이가 떼를 쓰고 욕을 하거나 난폭하게 굴어도 엄마는 이 아이의 심기를 건드리지 않으려고 애쓰는 것밖에 할 줄 모르는 경우가 태반이지요. 이상 행동 뒤에 숨은 아이의 진짜 욕구를 읽어야 하는데 말입니다. 대부분 아이들의 이상 행동 뒤엔 부모에 대한 사랑과 관심에 대한 욕구가 숨어 있는 경우가 많습니다. 가정폭력 속에 노출된 아이는 그 스트레스를 학교에 와서 다른 아이들을 때리고 괴롭히는 것으로 풀기도 해요. 괴로움을 잊고자 스마트폰이나 게임 속으로 숨어 버리는 아이도 있습니다. 학교에서는 매일 졸고 집에 가서는 다시 게임 삼매경에 빠집니다. 어떤 아이의 부모는 장사를 하셨는데, 매일 밤늦은 시간에 퇴근하여 깊게 잠들고 아침에 아이를 깨우지 못해 아이가 자느라 학교에 오지 못했던 경우도 있었습니다.

아이는 엄마의 거울입니다. 아이의 행동을 보면 엄마가 아이를 어떻게 대했고 아이와 어떻게 살아왔는지 보입니다. 그러니 엄마는 수시로 "나는 누구이고 어떤 사람인가?" 질문해 보셔야 합니다. 아이가 엄마의 말을 듣지 않거나 반항이 잦고 짜증을 많이 낸다면, 친구들과 싸우고 폭력을 행사하거나 문을 닫고 대화를 회피한다면 아이에게서 문제를 찾기 전에 먼저 엄마 자신의 행동을 돌아보세요. 혹시 엄마가 너무 바쁘다는 핑계로 아이를 정서적으로 너무 방치하고 있지는 않았는지, 반대로 아이를 심하게 구속하지는 않았는지, 부부간의 문제가 있지는 않았는지, 다른 사람과의 관계에서 어려움은 없었는지 말이지요. 그리고 내 아이를 온 마음으로 바라보고 사랑해 주세요. 아이의 마음에 결핍과 공허감이 생기지 않도록 말입니다.

엄마도 아이도 함께할
멘토가 필요합니다

참 신기하게도 아이들은 엄마가 말하면 잘 안 듣지만 다른 사람, 특히 자신이 좋아하는 사람이 말하면 귀를 쫑긋 세웁니다. 자신을 이끌어주고 도와주는 이런 사람을 '멘토'라고 이야기 하는데, 우리가 인생의 고비에 나를 이끌어줄 좋은 멘토가 있다면 큰 행운일 겁니다. 제 두 딸은 다행스럽게도 좋은 멘토를 만나 큰 도움을 받았습니다.

큰딸은 고등학교 1학년이 되자 미술대학에 가고 싶어 했습니다. 다른 친구들에 비하면 조금 늦은 시기였고 진로를 위해 무엇을 어떻게 해야 할지도 막막했어요. 그저 입시학원에 보내는 것밖에는 할 수 있는 일이 없었습니다. 그때 저와 같은 학교에 근무하던 선생님의 딸이

미대 입시를 준비하고 있다는 것을 알게 되었지요. 저는 그 선생님께 부탁해서 그녀의 딸과 제 딸의 만남을 주선해 주었습니다. 당시 제 아이는 미대에 가기 위해 무엇을 어떻게 해야 하는지, 난관은 무엇인지 등 많은 조언을 얻을 수 있었습니다. 지금까지도 두 아이는 친하게 지내며 서로의 진로와 삶에 대한 고민들을 터놓는 사이로 잘 지내고 있어 얼마나 든든한지 모릅니다. 그럴 때면 '내 아이에게 좋은 스승과 멘토가 나타나길 기도한다'라는 말이 얼마나 절실한 기도인지 새삼 깨닫게 됩니다. 지금 제 딸은 초등학생, 중학생이 된 조카들의 좋은 멘토가 되어주고 있습니다. 진로 고민뿐만 아니라 심리적으로 힘들 때 상담도 해주고, 짜증스러운 일이 있을 땐 위로도 해주고 있어요. 조카들은 엄마의 말보다 제 딸의 이야기에 더 큰 동기부여와 영향을 받습니다.

엄마에게도 성장과 행복한 삶을 위한 멘토가 필요합니다. 제게는 몇 분의 훌륭한 멘토가 계셨습니다. 그중 한 분은 제가 결혼생활과 직장생활에서 힘들어할 때마다 '나라는 존재'에 대해 깊이 탐구하고 직면하게 도와주셨지요. 또 고집스럽고 완벽주의 성격인 나 자신을 객관적으로 바라보고 좀 더 너그럽고 자유로운 사람으로 태어나게 한 표현예술치료 전공 교수님도 계셨습니다. 그녀는 존재 자체로 제게 큰 힘이 되어주었습니다. 지금도 그녀와 평생 동지처럼 서로가 힘들 때마다 도움을 주고받습니다. 제 인생이 조금 나아질 수 있었던 계기는 아마 힘들 때마다 저를 이끌어주었던 멘토가 있었기 때문이라고 해도 과언이 아닙니다.

엄마도 아이도 완벽할 수는 없습니다. 늘 성장하며 세상을 살아가야 하지요. 이때 좋은 스승이나 멘토, 친구가 곁에 있다면 무서울 것이 없습니다. 부모가 할 수 없는 일들을 이들은 가능하게 해줍니다. 더 넓은 세상의 지평을 열어주고 더 깊고 광활한 세계로 여행을 허락해 주지요. 멘토는 삶을 적극적으로 살아갈 때 만나는 경우가 많습니다. 자신이 부족한 부분을 채우기 위해 배움을 찾아 나설 때 같은 분야에 관심을 가진 사람과 만나게 될 수도 있어요. 더 멋진 삶의 문을 열어줄 멘토가 여러분과 아이 앞에 나타나길 진심으로 기원합니다.

엄마의 성장이
아이를 성장하게 합니다

뇌졸중, 치매가 빨리 올 수 있는 뇌신경 유전질환인 카다실(CADASIL)이라는 유전병을 진단받은 한 엄마가 있었어요. 당장 어떤 증세가 심각하게 나타나는 건 아니었지만 약간의 인지장애와 치매 증세가 있었던 친정엄마를 떠올리고는 불안감에 휩싸였어요. 그래서 초등학교 6학년인 아들 승구에게 "엄마가 카다실이라는 유전병 진단을 받았단다. 언제 어떻게 될지 모르니 장남인 네가 정신 바짝 차리고 공부해야해!"라고 했지요. 그런데 아이가 그날 이후로 새벽까지 잠을 잘 못 자고 심각한 불안 증세를 보이기 시작한 겁니다. 보다 못한 아이 엄마가 제게 도움을 요청했어요. 저는 전문 상담선생님께 치료를 받도록 연결을 해주었습니다.

아이 엄마는 "저도 무심결에 아이가 나태해질까봐 걱정이 되었나 봐요. 공부도 열심히 안 하고 저러다가 내가 이 세상에 없으면 어떻게 될까? 불안이 올라와서 그만 해서는 안 될 말을 아이에게 한 것 같아 요." 뒤늦게 심각성을 깨달은 엄마는 아이에게 안정감을 주기 위해 노력을 많이 했어요. "엄마가 운동도 열심히 하고 건강을 위해 신경을 많이 쓰고 있으니 너무 걱정하지 않아도 돼. 엄마의 불안을 네게 전달해서 미안하구나! 너는 네 할 일만 열심히 하면 된단다."라고 안심시키고 미소를 잃지 않았지요. 꾸준하게 상담도 받고 매일 아들과 운동하며 대화를 많이 한 이후로 아이는 많이 좋아졌습니다.

엄마들도 가끔은 어떤 상황이나 순간에 내면 아이를 만나곤 합니다. 성장을 멈춘 내면 아이는 어느 순간 자신이 받은 충격과 고통, 괴로움을 누군가에게 투사하거나 위로받고 싶어 합니다. 승구 엄마도 그랬을 거예요. 받아들이기 힘든 상황에서 아들에게 걱정을 전이시킴으로써 위로받고 스스로 안전하다는 것을 확인받고 싶었는지도 모르지요. 그렇지만 엄마는 힘들어하는 아들을 보면서 깨닫고 조금씩 어른으로서의 역할을 해나가며 성장하고 있습니다. 엄마가 성장하니 아이도 따라 성장하더군요. 아들도 조금씩 엄마의 걱정을 이해하고 성실한 태도를 통해 엄마의 걱정을 덜어드리려 노력하게 되었어요.

초등학교 5학년 승준이는 친구에게 돌을 던지고 친구 점퍼주머니를 칼로 자르는 등 폭력을 행사했습니다. 크게 다친 사람은 없었지만 이러다가는 큰일이 날 것 같아서 담임 선생님이 승준이 엄마를 불러 가족 치료를 권했답니다. 그러자 엄마는 "상대방 아이가 우리 아이를 화나게 해서 그런 거지 우리 아이는 아무 잘못 없어요." 하며 담임 선생님의 말을 들으려 하지 않았어요. 시간이 지나도 나아질 기미 없이 점점 난폭해지고 문제를 일으키자 그 엄마는 자신이 다니던 대학에서 안식년을 신청하고 승준이와 함께 미국으로 떠났습니다. 1년 동안 오롯이 아이와 함께 지내다 보니 엄마는 자신이 어떤 엄마였는지 또 아이가 어떤 상황이었는지 깨닫게 되었습니다. 엄마는 "저는 그동안 너무도 권위적인 엄마였어요. 승준이가 말을 듣지 않으면 다그치고 몰아붙였어요. 자율성을 발휘할 수 없는 승준이의 마음엔 화와 분노로 가득했을 거예요. 공격성을 다른 친구들에게 분출한 것이 이해가 되네요. 승준이가 그렇게 된 건 전적으로 제 책임이에요."라고 생각하고 비폭력대화법을 공부하고 실천했어요.

참고로 마셜 B.로젠버그의 『비폭력대화』에 나오는 비폭력대화 (NVC) 모델의 4단계는 다음과 같습니다.

첫째, 우리 삶에 영향을 미치는 구체적 행동을 있는 그대로 관찰하는 것입니다. 우리 삶에 영향을 미치는 것을 보고 듣고 접촉할 때 그것들을 평가와 섞지 않으면서 명확하게 관찰할 필요가 있지요.

둘째, 그 관찰에 대한 느낌을 알아차리고 느낌을 표현하는 것입니다. 우리의 느낌을 표현함으로써 자신의 솔직한 내면을 인정하는 것이 갈등을 해결하는 데 도움이 될 수 있어요.

셋째, 그러한 느낌을 일으키는 욕구, 가치관, 원하는 것을 찾아냅니다. 우리 느낌을 자신의 욕구에 더 직접적으로 표현할수록 상대방은 더 호의적으로 반응합니다.

넷째, 우리 삶을 풍요롭게 하기 위해 구체적인 행동을 부탁합니다. 막연하고 추상적이거나 모호한 말이 아니라 정확하게 원하는 것을 표현함으로써 우리가 원하는 것을 얻을 가능성이 큽니다.

승준 엄마가 아이에게 오롯이 마음을 내어주고 공감하며 이해하는 비폭력대화를 실천하니 승준이도 바뀌기 시작했습니다. 승준 엄마는 그동안 아이가 얼마나 엄마의 사랑을 그리워하고 인정받고 싶어 했는지 뒤늦게 깨닫게 되었지요. 엄마가 변하니 아이도 변하기 시작했어요. 무너졌던 신뢰관계도 회복되었고요. 이후 한국으로 돌아온 승준이는 잘 성장해서 지금은 대학에 다니고 있습니다. 엄마가 스스로를 성찰하고 잘못된 행동을 수정하며 아이와 공감하고 소통할 때 아이는 마음을 열고 나쁜 행동을 수정합니다. 또 엄마 스스로 성장하고자 노력할 때 아이도 그 모습을 보고 배웁니다.

엄마들은 출산 뒤 아이를 키우고 교육에 전념하느라 자신을 돌아보고 돌볼 여유가 많이 없습니다. 무엇이 잘되고 잘못되었는지 성찰할 여유 없이 하루하루 아이가 더 건강하게 자라도록 정성을 다해 돌보고 미래에 더 잘 살 수 있도록 최선을 다하다 보면 가끔은 중요한 걸 놓치기 쉬워요.

엄마들도 좀 더 자신을 위해 시간을 투자하길 바랍니다. 자신의 소중한 시간이 아이들과 남편만을 위해 흘러가는 것을 아깝게 여기고 안타까워하길 바라요. 가정의 평화가 중요한 만큼 엄마 내면의 평화에도 귀를 기울여주세요. 길게 보면 엄마의 행복이 가정의 행복을 위해 가장 필요한 부분이니까요. 지금까지 좀 부족한 엄마였으면 어때요? 조금씩 배우고 공부하고 성장해 나가면 되지요. 한꺼번에 너무 많은 걸 하지 않아도 됩니다. 하나씩 하나씩 엄마가 배우면서 변화해 나가면 분명 아이도 엄마와 함께 성장해 나갈 거예요.

엄마도 완성형이 아닌 성장형입니다

　처음부터 엄마였던 사람은 없습니다. 우리 모두 엄마는 처음이라 서툰 면이 분명 존재합니다. 엄마도 아이와 함께 성장하는 겁니다. 아이가 초등학교, 중고등학교, 대학교에 들어가면서 성장하는 만큼 엄마도 함께 성장하고 성숙해지는 과정을 겪습니다. 이 과정 속에서 부족한 자신도, 또 내 마음 같지 않은 아이도 있는 그대로 받아들이고 기다려주는 마음이 필요하지요.

　하지만 아이가 어느 순간 잘못된 길로 가고 있다고 느꼈을 때는 빨리 되돌아보며 문제의 핵심을 찾아내 회복시키고 바른 길로 가도록 힘써야 합니다. 그 과정에서 받아들이기 힘든 것들을 받아들여야 할 때도 있을 테고 때로는 포기도 해야 하며 마음을 내려놓아야 할 때도 있을 것입니다.

제가 학교에서 만난 많은 학부모 가운데 아이를 가장 힘들게 했던 엄마는 아이에게 숨 쉴 구멍을 주지 않는 엄마였습니다. 후배가 담임을 맡았던 5학년 민호는 공부도 잘하고 운동도 잘하는 모범생이었습니다. 그런데 학급에서 친구를 왕따시키고 폭력을 행사했으며, 미술 시간에는 엄마가 하는 학원을 폭파시키고, 엄마를 총으로 죽이는 그림을 그렸습니다. 깜짝 놀란 담임 선생님이 엄마와 상담을 해보니 "학원 원장 아들이니 항상 최고여야 하고 완벽해야 한다고 세뇌시킨 것 같아요. 아이를 제가 원하는 대로 키우려 한 것에 숨 막혔던 것 같아요." 엄마도 그제야 자신의 욕심이 아이를 힘들게 했다는 것을 깨닫고 눈물을 흘렸습니다. 아이가 집에서 쌓인 억압과 분노를 친구를 괴롭히는 것으로 해소하는 것을 보고 엄마도 놀라서 정신이 번쩍 들었다고 해요. 이후에 그 엄마는 교육 방식을 180도로 바꾸었습니다. 매사에 아이의 의견을 물어보고 존중하며 숨 쉴 수 있는 마음의 공간을 내어주기 시작하자 아이도 차차 정서적 안정감을 갖고 의젓하게 바뀌었다고 합니다.

대부분의 엄마들은 자신이 성장한 대로 아이들을 가르치고 키웁니다. 자신이 경험한 것 이상의 것을 주기란 어려운 일입니다. 더 많은 것을 경험해야 아이들에게 물려줄 유산도 늘어나는 법입니다. 성장을 게을리하지 말아야 한다는 이야기지요. 책을 읽거나 강의를 듣거나 방송을 듣는 등 지속적으로 공부해 스스로를 단련해야 합니다. 공부하지 않는, 정체된 엄마는 시야가 좁아서 한계가 있기 마련입니다. 아이만 공부하라고 내몰 것이 아니라 엄마도 공부를 하셔야 합니다.

요즘은 마음만 먹으면 엄마들도 성장할 수 있는 기회가 많습니다. 원하는 주제에 맞는 강연장도 많이 생겼고, 사이버 연수도 많이 개설되어 있어요. 원하는 단어만 입력하면 맞춤형으로 동영상이 우르르 쏟아지는 세상입니다. 아이의 양육과 교육 방법, 내 아이의 행복을 위해 도움을 줄 수 있는 방법을 방송에서도 족집게로 알려줍니다. 엄마가 자신의 부족함을 돌아보고 넘어서려고 노력하면 할수록 더 유능하고 현명한 엄마가 될 수 있습니다. 엄마도 완성형이 아닌 성장형입니다.

엄마에게도
자기 돌봄이 필요합니다

엄마의 일은 끝이 없습니다. 집안일이라는 것이 아무리 열심히 해도 표도 나지 않고, 그렇다고 외면하자니 가족들이 불편할까 봐 안 할 수도 없습니다. 종일 아이를 돌보고 살림하고 숨 돌릴 틈이 없기에 엄마들은 스트레스에서 자유로울 수 없습니다. 많은 엄마들이 우울감에 빠지고 있어요. 하지만 엄마가 심리적으로 불안정하고 우울하면 결국 모든 가족이 함께 정서적 도미노 현상을 겪게 됩니다. 이쯤 되면 세상에서 가장 사랑하는 가족이지만 또 한편으로는 나를 가장 힘들게 하는 존재가 가족이 되기도 합니다.

가정에서 중심 역할을 하는 엄마가 행복해야 가정이 평화로워집니다. 엄마도 자신의 힘든 마음을 어루만지고 지친 몸을 쉴 수 있는 자기 돌봄이 필요한 이유입니다. 늘 가족부터 챙기다 보면 에너지가 소진되어 정신적, 신체적으로 무기력해지는 번아웃증후군에 빠질지도 모릅니다.

미리미리 자신을 잘 관리하고 만성적인 스트레스에 빠지지 않도록 주의하세요. 엄마 스스로 돌볼 수 있는 시간과 공간을 확보하고 현명한 자기 돌봄을 통해 생기를 회복하고 행복을 찾으시기를 바랍니다.

엄마만을 위한 루틴 정하기

엄마들은 할 일이 많습니다. 가족이 역할분담을 하거나 남편이 일정 부분 가사와 아이 교육을 돕는다고 하지만 가정을 전체적으로 주관하는 것은 엄마이기에 분주하고 바쁩니다. 식사를 준비하는 일부터 청소, 빨래, 아이들 챙기기, 놀아주기, 교육 등을 하다 보면 자신의 시간을 갖는 것이 쉽지 않습니다.

하지만 이럴 때일수록 엄마만을 위한 루틴을 정하는 것이 중요합니다. 루틴은 자신이 원하는 것을 얻기 위해 규칙적으로 실행하는 방법과 순서, 또는 반복적인 습관을 말합니다. 보통은 아이들이 깨기 전이나 아이들이 잠든 후의 시간을 활용하는 것이 좋습니다. 여유가 많지 않으면 10~20분도 좋고 여유가 좀 있으면 한 시간 이상 자신을 위해 시간을 할애하는 것이 필요합니다. 그 예로 아침에 일어나서 향 좋은 커피를 내리거나 좋아하는 음악을 듣거나 스트레칭을 하는 등 자신이 원하는 것을 하는 것이 좋아요.

저는 아침 일찍 일어나 먼저 명상을 통해 마음을 맑게 합니다. 그런 다음 공간에 좋은 향기를 채워주는 방향요법과 아로마 테라피를 활용하지요. 그런 다음 책을 읽거나 글을 쓰는 시간을 가집니다. 특히 아이들이 어렸을 때는 이런 활동을 하는 데 밤 시간을 많이 활용했어요.

수십 년을 이 루틴으로 생활하다 보니 그 시간을 활용해서 내공을 쌓을 수 있게 되었습니다. 많은 엄마들이 늘 시간이 없다고 말하곤 하는데 시간을 만들려는 마음만 있다면 자투리 시간을 잘 활용할 수도 있고 더 일찍 일어나거나 잠을 줄임으로써 원하는 시간을 확보할 수 있습니다. 자신의 행복을 위한 루틴은 바로 이런 용기에서 출발하는 것입니다.

엄마도 독립된 시간과 공간이 필요합니다

아이들을 키우는 엄마들이 가장 힘들어하는 것 중의 하나가 엄마의 영역이 없다는 것입니다. 그것은 물리적 영역과 정신적 영역이 모두 포함되지요. 하나에서 열까지 엄마의 손길을 필요로 하는 가정에서 엄마가 독립된 공간과 시간을 갖는 일은 만만치 않습니다. 그러나 엄마들에게 자신만의 독립된 공간이 꼭 필요합니다. 자신만의 공간에서 혼자만의 시간을 보내면서 에너지를 충전하거나 조용히 지친 마음을 정화시키고 회복시킬 수 있기 때문입니다. 그러니 가족들에게 엄마만의 공간과 시간이 필요하다는 것을 이야기하고 꼭 확보하길 권합니다.

제 경우에는 거실을 서재로 만들고 나만의 공간을 확보했어요. 대학원을 다닐 때는 베란다도 제 공간으로 만들어 사용했지요. 공부가 안 되거나 집중이 잘 안 될 때는 낮은 테이블과 좌식의자를 이용해서 분위기를 바꾸었어요. 예쁜 식물들이 자라는 베란다는 답답한 마음을 시원하게 만들어주었고 은은한 스탠드 조명이 때론 행복감을 안겨주기도 했어요.

요즘은 코로나19로 가족이 하루 종일 한 공간 안에서 지내는 경우가 많습니다. 바깥나들이도 쉽지 않은 지금, 혼자 사색하며 머리를 비울 수 있는 시간과 공간이 꼭 필요합니다. 각자의 방이나 주방, 베란다 등을 활용해서 독립된 공간을 확보하거나 정 어려우면 차에서라도 휴식 시간을 가져보는 것도 좋습니다. 가정에서 독립된 공간을 갖기가 어려우면 집 근처 공원을 산책하거나 분위기 좋은 카페에 가서 잠깐의 여유 시간을 가지는 것도 괜찮아요. 아이에게 너무 매이거나 혼자만의 시간을 가지는 것에 죄책감을 가지는 경우도 있는데 그럴 필요는 없어요. 엄마가 건강하고 행복해야 아이에게 더 활기차고 긍정적인 모습을 보여주고 좋은 에너지를 줄 수 있잖아요.

엄마가 모든 것을 완벽하게 다 해주지 않아도 됩니다. 엄마가 부족한 부분이 있으면 아이들도 그 부분을 메꾸어 나갑니다. 가족끼리 함께할 때는 함께하고 필요할 때는 따로 떨어져 지낼 필요가 있습니다. 그래야 모두가 건강하고 행복할 수 있어요. 아이도 아이만의 시간과 공간을 확보해 주고, 엄마도 엄마만의 시간과 공간을 확보해서 자신만의 삶을 살 수 있어야 합니다.

시간의 방

바쁘고 복잡한 일상을 살아가는 엄마들에게 저는 '시간의 방'을 운영하기를 권합니다. '시간의 방'이란 하루 중 일정한 시간에 대해 이름을 붙여주고 그만의 역할과 가치를 부여하는 것입니다. 누군가를 위해 헌신하는 것이 아닌 오로지 나만을 위해 시간을 쓸 수 있도록 말이지요. 예를 들면 "밤 9~10시까지는 엄마가 그림을 그리는 시간이야. 그러니 이 시간만큼은 방해하지 말아줘."라고 가족에게 양해를 구한 뒤 시간의 방에 들어가 자신만의 시간을 가지면 됩니다. 새벽 6~7시까지는 책 읽는 시간, 저녁 10~11시까지는 글 쓰는 시간처럼 시간의 방에 이름을 정해놓고 운영하면 됩니다.

저는 지금까지 늘 이 시간의 방을 운영했습니다. 아이들이 잠든 밤이나 새벽을 활용해 책을 읽고 글을 쓰거나 연구 활동을 했습니다. 초저녁엔 아이들의 공부를 봐주거나 살림을 했고 나머지 시간에는 엄마의 공부 시간을 정해놓고 그 시간만은 침범하지 않도록 가족들에게 부탁했지요. 저의 특성을 잘 아는 딸들은 엄마의 시간을 존중해 주었고, 그 시간에는 엄마의 손을 빌리지 않고 스스로 챙기려고 노력해 주었습니다. 나답게 살기 위해, 스스로를 돌보고 원하는 것을 이루기 위해 조금 이기적일지 모르겠지만 저는 이 방법을 활용했습니다. 고맙게도 엄마가 긍정적인 마인드로 열심히 노력하고 즐겁게 생활하니 아이들도 서서히 배워가더군요.

저는 해야 할 일이나 처리할 일이 있을 때도 무작정 오랜 시간을 끌면서 고민하거나 걱정하지 않고 시간을 정해서 활용합니다. 예를 들어 월요일까지 고민하고 결정해야 할 일이 있다면 주말에는 그 일을 마음속에서 차단하는 거지요. 주말에는 주말에 해결해야 할 일이나 걱정을 할 뿐입니다. 월요일 새벽이나 아침에 명상을 통해 현명한 방법을 찾아내기도 합니다. 시간을 잘 운영하는 것이 자신을 잘 돌보고 건강하고 행복하게 살아가는 방법 중 하나입니다.

수시로
마음을 닦아 주세요

　우리는 늘 관계 속에서 힘들어 합니다. 본심과 다르게 아이에게 화를 내거나 후회되는 행동을 하고 나면 마음이 한없이 아프고 괴롭습니다. 마찬가지로 직장에서의 작은 말실수가 머릿속에서 떠나지 않아 괴롭기도 하고 다른 사람과의 마찰에도 괜히 마음이 어수선하고 힘들 때가 있습니다. 그럴 때마다 우리가 수시로 거울을 닦는 것처럼 마음도 깨끗하게 닦는 시간을 가져보면 어떨까요? 명상을 통해 잘못된 행동이나 마음에 들지 않는 행동을 바로잡고 새로운 마음으로 다시 시작해 보는 것도 좋습니다. 가끔은 좋지 않은 일이나 버거운 일이 생겼을 때 심호흡을 하면서 나쁜 기운을 밖으로 내뱉으며 마음을 정화시키는 것도 좋은 방법이고요. 또 자신을 위로하듯 스스로에게 말해보세요. "당신 잘못이 아니에요. 그러니까 너무 힘들어하지 마세요."라고 말이지요.

엄마라고 해서 아이들에게 다 해주려고 하지 마세요. 아이에게 맡길 수 있는 것은 맡기고 해결할 방법을 가르쳐 주세요. 힘들면 다른 가족들에게 도움을 요청하세요. "나 지금 너무 지쳐 있고 힘들어, 도와줘!"라고 말이지요. 끙끙거리며 혼자 다 안고 가면서 병나고 화나는 것보다 함께 힘을 합쳐서 이겨낸 뒤 웃으며 나아가는 편이 더 현명한 방법일 것입니다.

사람은 누구나 완벽할 수 없습니다. 완벽해지려고 하는 순간 괴로워져요. 'No, problem! That's OK!'라고 외치세요. 남들이 나를 힘들게 할 때는 '그러거나 말거나!' 하고 자신 있게 주문을 외운 뒤 나의 행복을 먼저 쟁취하세요. 엄마가 행복하면 아이도 행복하고 가정이 화목해집니다. 그리고 엄마의 자기 돌봄이 바로 그 출발점입니다.

딱 그만큼의 거리에서

법륜스님은 『엄마수업』에서 "어릴 때는 따뜻한 게 사랑이고, 사춘기 때는 지켜봐주는 게 사랑이고, 스무 살이 넘으면 냉정하게 정을 끊어주는 게 사랑이다!"라고 말씀하셨습니다.

꽃을 가꾸듯 아이의 행복을 가꾸어주세요. 제때 적당한 물과 영양분을 주듯 따스한 눈길과 품으로 사랑을 주고 식물에게 필요한 신선한 공기와 바람처럼 자유를 주세요. 꽃도 아이도 갑갑하면 잘 자라지 못하니까요.

아이들은 어리기에 충분한 가능성이 있습니다. 무관심이나 지나친 억압과 개입으로 무너진 아이들, 사랑받고 싶어 자꾸만 나쁜 행동을 하는 아이들도 어른들의 지혜와 깊은 사랑으로 변화되고 성장합니다.

지금부터라도 우리, 서로에게 바람이 통하도록 조금씩 거리를 두고 행복을 가꾸어가요. 온전하게 존재를 이해하고 존중해 줄 수 있는 딱 그만큼의 거리에서.

아이가 자신감 있게 홀로 서는 힘

초등 엄마 거리두기 법칙

초판 1쇄 발행 2021년 4월 1일
초판 5쇄 발행 2023년 1월 20일

지은이 엄명자
펴낸이 김선식

경영총괄 김은영
콘텐츠사업2본부장 박현미
책임편집 김민정 **디자인** 마가림 **책임마케터** 문서희
콘텐츠사업5팀장 차혜린 **콘텐츠사업5팀** 마가림, 김현아, 이영진, 최현지
편집관리팀 조세현, 백설희 **저작권팀** 한승빈, 김재원, 이슬
마케팅본부장 권장규 **마케팅4팀** 박태준, 문서희
미디어홍보본부장 정명찬 **디자인파트** 김은지, 이소영 **유튜브파트** 송현석
브랜드관리팀 안지혜, 오수미 **크리에이티브팀** 임유나, 박지수, 김화정 **뉴미디어팀** 김민정, 홍수경, 서가을
재무관리팀 하미선, 윤이경, 김재경, 안혜선, 이보람
인사총무팀 강미숙, 김혜진, 지석배
제작관리팀 박상민, 최완규, 이지우, 김소영, 김진경, 양지환
물류관리팀 김형기, 김선진, 한유현, 전태환, 전태연, 양문현, 최창우
외부스태프 퓨쳐일러스트 안다연

펴낸곳 다산북스 **출판등록** 2005년 12월 23일 제313-2005-00277호
주소 경기도 파주시 회동길 490 다산북스 파주사옥
전화 02-704-1724 **팩스** 02-703-2219 **이메일** dasanbooks@dasanbooks.com
홈페이지 www.dasanbooks.com **블로그** blog.naver.com/dasan_books
종이 ㈜IPP **인쇄·후가공·제본** ㈜갑우문화사

ISBN 979-11-306-3642-9 (13370)

다산북스(DASANBOOKS)는 독자 여러분의 책에 관한 아이디어와 원고 투고를 기쁜 마음으로 기다리고 있습니다.
책 출간을 원하는 아이디어가 있으신 분은 다산북스 홈페이지 '투고원고'란으로 간단한 개요와 취지, 연락처 등을
보내주세요. 머뭇거리지 말고 문을 두드리세요.